SUR LA

DÉVIATION DES PROJECTILES

PAR G. MAGNUS

SECONDE ÉDITION CORRIGÉE ET AUGMENTÉE

Avec 2 Planches

Traduite en français par **RIEFFEL**, ancien professeur aux
Écoles impériales d'artillerie.

PARIS

LIBRAIRIE MILITAIRE, MARITIME ET POLYTECHNIQUE
J. CORRÉARD, éditeur,
PLACE SAINT-ANDRÉ-DES-ARTS, 3
Maison de la Fontaine Saint-Michel,

1863

SUR LA

DÉVIATION DES PROJECTILES.

SUR LA

DÉVIATION DES PROJECTILES

PAR G. MAGNUS.

SECONDE ÉDITION CORRIGÉE ET AUGMENTÉE.

—

Avec 2 Planches.

—

Traduite en français par **RIEFFEL**, ancien professeur aux
Écoles impériales d'artillerie.

———✦———

PARIS

LIBRAIRIE MILITAIRE, MARITIME ET POLYTECHNIQUE
J. CORRÉARD, éditeur,
PLACE SAINT-ANDRÉ-DES-ARTS, 3
Maison de la Fontaine Saint-Michel.

——

1863

DÉVIATION DES PROJECTILES

Par G. MAGNUS.

AVANT-PROPOS.

Le bon accueil qu'a reçu du public le mémoire *sur la déviation des projectiles*, inséré parmi ceux de l'Académie des sciences de Berlin pour l'année 1852, et imprimé plus tard dans les *Annales de Poggendorf* (tome 88, 1), bon accueil par suite duquel le petit nombre d'exemplaires tirés à part pour le commerce de la librairie n'ont pas tardé à être absorbés, me détermine à céder à la demande qui m'est faite d'en publier une seconde édition. J'y cède d'autant plus volontiers que cela m'offre l'occasion d'ajouter quelques nouveaux faits à ceux qui ont servi de base à l'explication de la déviation des projectiles oblongs, explication rendue par là plus complète.

Quoique les projectiles oblongs soient aujourd'hui presque seuls à exciter l'intérêt, au point que c'est à peine si l'on accorde encore quelque attention aux projectiles sphériques, cependant, il m'a semblé qu'il serait peu convenable de supprimer tout à fait ici l'explication que j'ai donnée des déviations de ces derniers dans la première édition de ce mémoire, ne fut-ce que parce qu'elles ont longtemps fait l'objet de recherches de la part d'hommes éminents dans l'artillerie et dans la science. D'ailleurs, les expériences servant à déterminer la pression exercée par la résistance de l'air aux différents points de la surface de ces sortes de projectiles, n'en conserveraient pas moins leur importance scientifique, quand même ces projectiles devraient cesser pour toujours d'être employés par l'artillerie.

Les déviations des projectiles oblongs dépendent de causes tout autres que celles des projectiles sphériques ; elles sont à la vérité très-faibles comparativement à ces dernières, mais elles influent comme elles sur la justesse du tir. Aujourd'hui surtout que l'usage des projectiles oblongs est devenu presque général dans toutes les artilleries, l'explication de leurs déviations présente d'autant plus d'intérêt qu'elle est l'unique base fixe sur laquelle on puisse asseoir la forme et généralement tout le système de construction de ces projectiles. Je crois avoir, dans le 2° § de ce mémoire donné cette explication d'une manière aussi complète que le permet l'état actuel des connaissances acquises sur la résistance de l'air. Pour ceux qui sont familiarisés avec les phénomènes présentés par les corps tournants, cette explication n'offre aucune difficulté. Toutefois, il s'y mêle une certaine action de l'air, négligée jusqu'ici par les théoriciens, et dont l'influence n'est pas aisée à faire entrer en ligne de compte. Je l'ai désignée dans ce mémoire sous le nom d'effet *de l'écoulement de l'air*. On trouvera des éclaircissements à cet égard dans le § 3.

Comme il n'est pas à présumer que tous ceux qui liront cet écrit, connaissent les lois d'après lesquelles la rotation d'un corps se modifie sous l'influence de forces mouvantes, j'ai pensé faire une chose agréable à beaucoup d'entre eux, en y insérant la description d'un appareil que j'ai imaginé en vue de faciliter l'observation de ces modifications ; j'ai donné à cet appareil le nom de *poly-trope ;* il fait l'objet particulier du § 4 et dernier.

Puisse cet opuscule être accueilli, sous sa nouvelle forme, et avec ses accroissements, avec la même bienveillance qu'il l'a été à sa première publication ; puisse-t-il contribuer à compléter nos connaissances sur les circonstances qui interviennent dans la rotation des corps dans l'air, et à faciliter l'adoption des bouches à feu rayées.

L'AUTEUR.

Berlin, mai 1860,

§ Ier

Déviations des projectiles sphériques.

Tout le monde connaît l'expérience du tir d'un boulet dont le centre de gravité ne coïncide pas avec le centre de figure, expérience dans laquelle on voit le boulet se porter vers la droite ou vers la gauche, selon que son centre de gravité était rapproché de la paroi droite ou de la paroi gauche de l'âme, ou fournir des portées plus longues ou plus courtes, selon que son centre de gravité était situé avant le tir, en dessus ou en dessous de l'axe de la pièce. Ces déviations sont susceptibles de devenir très-considérables, car on en voit qui s'élèvent jusqu'au sixième, et parfois jusqu'au quart de la portée, par conséquent jusqu'à plusieurs centaines de pas. L'artillerie a su tirer parti de ces observations pour améliorer le tir de ses projectiles sphériques en tenant convenablement compte de la position de leur centre de gravité dans le chargement de bouches à feu.

On a été longtemps à se rendre compte de ces déviations. On avait bien constaté, en tirant avec ces sortes de boulets contre des panneaux minces placés à diverses distances les uns derrière les autres, que l'écart latéral augmentait suivant un rapport plus grand que celui de la distance, et l'on en avait conclu avec raison, que la cause de cet écart ne pouvait pas être attribuée à une force qui n'aurait agi que pendant le mouvement du projectile dans l'intérieur de la bouche à feu, comme serait par exemple un frottement ou un battement contre les parois de l'âme; en un mot l'on avait été amené à reconnaître que la cause en question conservait son activité pendant toute la durée du trajet. Mais quelle était cette cause, et comment agissait-elle pendant toute la durée du trajet ?

Robins qui, dans ses *Principes d'artillerie*, a le premier cherché à la découvrir, pensait qu'elle tenait à la rotation du projectile, et cette opinion est un point sur lequel tout le monde est d'accord aujourd'hui.

Mais les nombreux efforts tentés depuis cet auteur pour expliquer de quelle manière ces rotations des projectiles pouvaient amener leurs changements de direction, sont restés infructueux, sans en excepter ceux d'*Euler* et de *Poisson*. Ce dernier, surtout, a traité la question avec un soin tout particulier dans plusieurs mémoires qu'il a lus à l'Académie des sciences de Paris, et qui ont été imprimés d'abord dans le *Journal de l'école polytechnique*, puis comme ouvrage spécial, sous le titre de : *Recherches sur le mouvement des projectiles dans l'air*. Il commence par y étudier l'influence exercée par la rotation de la terre sur la trajectoire du projectile, et après avoir montré que la déviation à laquelle elle donne lieu est tellement minime, qu'on peut en faire abstraction complète, il s'occupe de l'influence exercée par le frottement de l'air, tant sur le mouvement de translation que sur le mouvement de rotation ; et enfin, il examine celles qui peuvent résulter des défauts de sphéricité et d'homogénéité. Les conséquences qu'il tire de ses calculs sont, que la rotation du projectile occasionne, à la vérité, une déviation, mais qu'elle se réduit à si peu de chose, qu'il est impossible de considérer les déviations observées comme provenant d'un frottement de la surface du projectile contre l'air contigu (*).

Depuis lors, il s'est élevé à l'occasion de cette déviation, de nombreuses controverses qu'il n'entre pas dans l'objet de cet écrit de reproduire ni de discuter. Disons seulement qu'elles prenaient principalement naissance à propos de l'opinion toujours reproduite, malgré la réfutation mathématique de *Poisson*, qu'il suffisait d'une différence dans l'intensité du frottement de l'air sur les différents côtés d'un boulet pour en expliquer la déviation. Mais ce qui va suivre prouvera qu'il faut pour compléter l'explication, avoir égard à d'autres circonstances encore que celles qui ont été considérées jusqu'ici.

Des recherches sur le mouvement des liquides, déjà anciennement faites par moi, m'ont amené à donner, de l'intéressant phénomène dont il s'agit, une explication essentiellement différente de toutes les précédentes, et que je crois exacte.

Mais pour l'appuyer sur une base plus solide que la simple induction, il m'a paru convenable d'étudier de plus près, par des expériences en petit, la

(*) Recherches sur le mouvement des projectiles, p. 77.

manière dont les choses se passent, et notamment,
d'observer les pressions exercées par l'air en différents points de la surface des projectiles.

Pour ces dernières expériences, je suis parti de
ce principe que : quand un boulet se meut à travers
l'air, tous les effets de pression de ce fluide ont
lieu exactement de la même manière que si le
boulet restait immobile et que ce fût l'air qui se
mût contre lui, en supposant, bien entendu, la
vitesse du mouvement la même dans les deux
cas. Au moyen de cette hypothèse, on ramène
l'observation de ce qui se passe pendant le mouvement d'un projectile dans l'air, à ce qui a lieu
quand, laissant le projectile fixé d'une manière
invariable, on dirige sur lui un courant d'air d'une
vitesse égale à celle qu'il aurait eue, et il est à remarquer que ce mode d'observation s'applique
également bien aux deux cas où le projectile est,
ou n'est pas animé d'un mouvement de rotation.

Seulement, tandis que dans le second de ces
deux cas, il est évident que les effets du courant
d'air sur le globe fixe sont exactement les mêmes
tout autour de celui de ses diamètres qui est parallèle à la direction du courant, il en est en général
autrement lorsque le globe tourne.

Or, il est difficile qu'un projectile puisse se mouvoir sans tourner. Car pour que tous ses points marchent parallèlement entre eux, il faut que la résultante de l'ensemble des forces qui agissent sur lui, passe précisément par son centre de gravité. Dans l'âme d'une bouche à feu, la manière d'agir du gaz de la poudre sur le projectile est telle que tous les points de celui-ci qui sont contenus dans un même plan perpendiculaire à l'axe en reçoivent des impulsions égales. Si donc le boulet était rigoureusement sphérique; que son diamètre fût égal à celui de l'âme, ou qu'il n'eût aucun vent; enfin que son centre de gravité coïncidât avec son centre de figure; la résultante de toutes les impulsions passerait par le centre de gravité, et le mouvement du boulet se ferait sans qu'il tournât, à supposer pourtant qu'aucune autre force, telle qu'un frottement ou un battement ne pût agir sur lui. Mais un frottement contre la paroi de l'âme est une chose qu'il est absolument impossible d'éviter, sans compter qu'il n'existe pas de boulet rigoureusement sphérique, ou dont le centre de gravité coïncide exactement avec le centre de figure. On peut donc affirmer sans hésiter qu'il n'y a pas de bou-

let qui ne tourne sur lui-même en même temps
qu'il chemine à travers l'espace.

Lorsqu'on fait tourner un corps autour d'un axe
fixe dans un air en repos, ce corps entraîne avec
lui dans son mouvement de rotation, l'air contigu
qui l'environne, même lorsque sa forme est celle
d'une sphère parfaite, et que son axe de rotation
passé par son centre de figure. Il est d'ailleurs aisé
de s'assurer que les choses se passent comme on
vient de le dire ; car en faisant tourner une sphère
ou un cylindre, l'un ou l'autre si parfaitement cen-
très que l'œil ne puisse s'apercevoir qu'ils tournent,
on sent lorsqu'on en approche suffisamment la main
que l'air environnant est mis en mouvement. Si la
rotation de la sphère ou du cylindre a lieu excentri-
quement, le mouvement rotatoire imprimé à l'air
n'en est que plus rapide par une raison facile à
comprendre.

Concevons maintenant qu'un courant d'air soit
dirigé contre une sphère tournant autour d'un axe
fixe perpendiculaire à la direction du courant, la
vitesse de l'air sera plus grande, du côté de la
sphère où l'air mis en rotation par elle et l'air du
courant marcheront dans le même sens, que du

côté opposé où les deux mouvements ont lieu en sens contraires.

Par suite de cette différence de vitesse aux deux côtés opposés de la sphère, il se produit contre ces deux côtés une différence dans le frottement de l'air, mais on n'en saurait rien conclure ni à l'égard d'une différence dans la pression, ni touchant celui des deux côtés où la pression est la plus forte (1).

Par ces raisons, il a paru nécessaire de rechercher expérimentalement quelle est en réalité la pression ; et dans ce but, on a d'abord fait tourner une sphère autour d'un axe fixe en même temps que l'on dirigeait sur elle un courant d'air. Mais comme on n'a pas tardé à reconnaître une cause d'incertitude des observations ainsi faites sur la sphère, à raison d'un courant d'air qui s'y produit, des pôles à l'équateur, comme effet de la force centrifuge engendrée par la rotation, on a ensuite substitué un cylindre à la sphère. Un dispositif très-simple permettait d'ailleurs de fixer à volonté le cylindre de manière à le faire tourner tantôt concentriquement à son axe de figure, autant que

----

(1) Voir la note 1 du traducteur à la fin du mémoire.

possible, tantôt avec plus ou moins d'excentricité par rapport à cet axe.

A l'égard du courant d'air dirigé perpendiculairement à l'axe du cylindre, son étendue dans le sens de la hauteur du cylindre était de beaucoup moindre, il est vrai, que cette hauteur, mais celle qu'il avait dans le sens des diamètres était telle que le cylindre y était toujours entièrement immergé, même quand la rotation se faisait avec le plus d'excentricité. En outre on avait pris les mesures nécessaires pour que dans toute cette largeur du cylindre, la vitesse de l'air affluant fut partout la même. On se servait habituellement pour produire le courant d'air d'un petit ventilateur à force centrifuge représenté sur la planche 1re fig. 1. Le tambour F de cet appareil avait 6 pouces ($0^m,457$) de diamètre, et 5 pouces ($0^m,131$) de largeur. Au milieu, était, dans toute la largeur un arbre tournant, portant six palettes auxquelles une roue à volant E imprimait un mouvement rotatoire qui chassait l'air par une ouverture *mn* ménagée sur toute la largeur du tambour.

De petites girouettes très-mobiles servaient, comme on va l'expliquer, à observer la pression : Il y en avait deux *a* et *b* (fig. 1, pl. 1), qui étaient

placées aux deux côtés du cylindre M et dont les
pivots étaient à des distances égales tant de l'ouverture *mn* que du plan déterminé par l'axe de rotation du cylindre, et par la ligne médiane du courant.
Lorsque le cylindre ne tournait pas, les deux girouettes obéissaient à l'impulsion du courant en se
plaçant dans sa direction.

Mais dès qu'il tournait, celle des deux qui était
du côté où le mouvement du cylindre se faisait dans
le même sens que celui du courant d'air, se dirigeait vers le cylindre, et celle du côté opposé, où le
mouvement du cylindre et celui du courant d'air
allaient en sens contraires, en était écartée. Ces effets sont représentés en projection horizontale dans
la fig. 3. Les flèches *a* indiquent la direction que
l'air suivait en sortant de l'ouverture *mn*. Les points
f et *h* sont les projections des tiges supportant les
girouettes, et autour desquelles elles pivotaient;
fg et *hi* désignent les directions qu'elles prenaient
lorsque le cylindre M ne tournait pas ; et *fk*, *hl* celles qu'elles prenaient lorsque le cylindre tournait
dans le sens indiqué par la flèche *b*.

On voit par cette position des girouettes que le
côté du cylindre qui se mouvait dans le même sens
que le courant d'air était le siége d'une pression de

l'air moindre que celle qui avait lieu avant l'état
de mouvement, tandis que le côté opposé, qui mar-
chait en sens contraire du courant, était le siége
d'une augmentation de cette même pression primitive. Car il est clair que la girouette *hl* ne se dirige
vers le cylindre que parce que l'air interposé lui
oppose moins de résistance qu'avant la rotation, et
qu'en même temps le cylindre lui-même éprouve
de la part de cet air une diminution de pression.
Pareillement la girouette *fk* s'écarte du cylindre
parce qu'elle éprouve de la part de l'air qui l'en sé-
pare une plus grande pression qu'avant que le
cylindre ne tournât ; et réciproquement la surface
du cylindre reçoit, elle aussi, une plus grande pression de la part de cet air.

Les écarts des girouettes et les différences dans
les pressions de l'air se montraient le plus fortes au
voisinage des points du cylindre où la direction du
courant lui était tangentielle.

Lorsque la vitesse de l'air affluant du ventilateur
était très-grande comparativement à celle de l'air
mis en mouvement par la rotation du cylindre, les
girouettes n'étaient que fort peu détournées de la
direction qu'elles avaient prises sous la seule influence du courant d'air, avant que le cylindre ne

tournât. Mais lorsqu'au contraire, le mouvement de l'air provenant de la rotation était dans un rapport déterminé avec celui du courant, la girouette placée du côté où les deux mouvements marchaient dans le même sens, se tournait très-fortement vers le cylindre; et dans la même circonstance, la girouette située du côté opposé était fortement repoussée.

Je passe maintenant à l'explication de ces phénomènes (2). Ils ont une connexion intime avec ceux que j'ai décrits et expliqués dans un mémoire : *sur le mouvement des liquides* (*).

Lorsqu'un fluide pénètre avec une certaine vitesse, par un orifice, dans une masse de même nature que lui, la pression qu'il exerce contre cette masse perpendiculairement à la direction du courant est moindre que celle qui aurait lieu au même endroit dans l'état de repos.

La manière la plus simple de s'assurer de la réalité de cette diminution de pression causée par le mouvement d'un fluide, consiste à souffler de l'air à travers un tube, et à approcher une flamme de

(2) Voir la note 2 du traducteur à la fin du mémoire.

(*) *Mémoires de l'Académie des sciences de Berlin pour* 1848, page 135; et *Annales de Poggendorff*. Tome LXXX, page 1. Voir aussi les *Annales de chimie et de physique.*

bougie près de l'orifice par lequel l'écoulement a lieu. Dès que la vitesse du courant a acquis une certaine intensité, on voit la flamme se diriger vers lui, et finir, à mesure que la vitesse augmente, par prendre une direction tout à fait perpendiculaire à la sienne. On reconnaît encore cet effet de diminution de pression lorsqu'on dirige un courant d'air contre une paroi fixe ; car une flamme dressée tout près de cette paroi, à côté d'un courant, loin d'en être repoussée comme on pourrait le croire, s'en rapproche au contraire.

J'ai développé dans le § 35 du mémoire cité, la manière dont se produit cette diminution de pression ; je crois devoir présenter de nouveau ici cette explication en en changeant un peu la forme.

Lorsqu'un fluide, soit aquiforme, soit aériforme (3), pénètre dans un espace indéfini rempli du même fluide en repos, soit par une ouverture dans la paroi, soit à travers un tube, on observe que les sections transversales du fluide en mouvement ont d'autant plus d'étendue qu'on les prend plus loin de l'orifice d'intromission. Cet élargissement de la masse fluide en mouvement est un effet de la ré-

(3) Voir la note 3 du traducteur à la fin du mémoire.

sistance que lui oppose la masse fluide en repos, et
non celui d'un entraînement ou d'un frottement.

On sait que quand deux veines d'eau sorties de
deux orifices circulaires d'un même diamètre, et se
mouvant à travers l'air dans une même direc
tion rectiligne, mais à l'encontre l'une de l'autre,
viennent à se choquer, elles forment à leur point de
rencontre un disque circulaire d'eau, perpendiculaire à la direction qu'elles suivaient avant le
choc. En général, lorsque deux masses d'un même
fluide se meuvent l'une contre l'autre, leurs mouvements ne s'entredétruisent pas comme font ceux
de deux corps solides qui s'entrechoquent : leur
rencontre donne lieu à un mouvement latéral dont
la direction et la vitesse dépendent du rapport des
grandeurs de ces masses, en même temps que de
leurs directions et des vitesses dont elles étaient
animées. Il se produit pareillement un mouvement
latéral, analogue à celui dont on vient de parler,
mais de moindre étendue, lorsque les deux veines
d'eau, au lieu de se rencontrer dans l'air, se rencon-
trent dans quelque autre milieu d'une plus grande
résistance que l'air, et par suite aussi, dans un milieu
de même nature qu'elles, c'est-à-dire dans l'eau.

Que si une veine d'eau unique se meut à travers

l'eau, elle y éprouve pareillement un élargissement.
Cela vient alors de ce que la masse d'eau en repos
se comporte vis-à-vis de la veine en mouvement
comme le ferait une veine de vitesse nulle. De plus,
l'élargissement ne se produit pas seulement à la
place où la masse en mouvement rencontre la masse
en repos, il commence dès avant et se continue
pendant tout le trajet , parce que chaque particule
mise en mouvement trouve une résistance à se
mouvoir, de la part de celle qui la précède et dont
la vitesse est moindre que la sienne. — A cet égard,
les fluides aériformes se comportent de la même
manière que les fluides coulants ou les liquides.

Lorsque l'intromission d'un fluide dans une
masse de même nature que la sienne a lieu sous
une vitesse constante, il arrive, après un certain
temps, que la vitesse reste invariable dans chacun
des points de la masse. Mais alors elle va en diminuant dans les sections transversales successives, de
manière à être d'autant moindre que les sections
sont plus éloignées de l'orifice. Si l'on suppose que
toutes les particules traversant au même instant
une même tranche P perpendiculairement à sa direction, soient animées d'une même vitesse C, la
masse qui traversera cette tranche dans l'unité de

temps sera PC; et si P_1 représente la grandeur d'une tranche plus eioignée et par conséquent plus étendue que P, et C_1 la vitesse uniforme qui y correspond, P_1C_1 sera la masse qui la traversera dans l'unité de temps. Cela posé, la quantité de mouvement dans chaque tranche est le produit de la masse qui la traverse dans l'unité de temps, par sa vitesse ; elle est donc, pour les deux tranches considérées PC^2 et $P_1C_1^2$.

Ces quantités doivent-être égales entre elles, parce qu'il n'y a pas de raison pour que la quantité de mouvement varie. A la vérité, d'une tranche à la suivante, le mouvement se transmet à une quantité plus considérable de particules fluides, ce qui fait que leur vitesse va en diminuant ; mais comme toutes les parties du fluide sont parfaitement mobiles, rien, (abstraction faite de l'influence du frottement) ne saurait se perdre ou se détourner de la quantité de mouvement. On a donc,

$$P_1C_1^2 = PC^2 \; ;$$

et comme $C_1 < C$, il s'en suit que

$$P_1C_1 > PC \; ;$$

c'est-à-dire que la masse qui traverse dans l'unité de temps, la plus éloignée des deux tranches com parées, est plus grande que celle qui traverse dans le même temps la tranche plus rapprochée de l'orifice.

Les choses ne peuvent se passer de cette manière que parce qu'une partie de la masse environnante en repos se mêle à la masse en mouvement. Si la réunion se fait assez rapidement pour que la masse en repos ne puisse pas suivre suffisamment vite, il en résulte une diminution de la pression. Le mémoire cité : *sur le mouvement des fluides*, contient, (§ 33) pour les fluides coulants (les liquides) la preuve expérimentale que la masse environnante arrive même jusqu'au milieu de la masse en mouvement. Il n'y a pas de doute que les choses se passent précisément de la même manière dans le cas des fluides aériformes.

Il est aisé de s'assurer que la diminution de la pression latérale est une suite de l'expansion du fluide : il suffit pour cela de faire mouvoir de l'air ou un liquide avec une certaine vitesse dans un tube horizontal d'un diamètre uniforme dans toute sa longueur. Si le fluide entre dans le tube par un orifice d'un diamètre égal à celui de ce tube, en sorte qu'il n'ait aucun lieu de se dilater en y pénétrant, on ne remarque aucune diminution dans la pression latérale. En effet, si sur le tube horizontal précité, on abouche un tube vertical étroit plongeant dans un vase inférieur plein d'eau, on voit pendant le mouvement de l'air dans le tube horizontal, que l'eau ne s'élève pas dans le tube vertical. Mais il n'en est plus de même lorsque, comme dans le cas de la fig. 4, l'orifice o à travers lequel l'air pénètre dans le tube horizontal ab est plus petit que la section transverse ; car alors, si l'abouchement du petit tube descendant pq répond au point où la dilatation de l'air a lieu, on voit l'eau s'élever dans ce tube. Si c'est de l'eau qu'on fait mouvoir dans le tube horizontal ab et que l'on mette du mercure au lieu d'eau dans le vase rs, ce mercure s'élève dans le tube pq lors de l'intromission de l'eau par l'orifice étroit o.

Lorsque le fluide en mouvement dans le tube horizontal ab y arrive d'un réservoir plus large M (fig. 5), et si la vitesse d'intromission est un peu grande, on voit, par l'ascension de l'eau ou du mercure en pq, que même avec un orifice o d'un diamètre égal à celui du tube horizontal ab, il y a diminution de la pression latérale. Mais dans ce cas encore, la diminution de pression provient d'une dilatation du fluide qui, en pénétrant dans le tube horizontal, et après s'y être d'abord contracté, se dilate ensuite au-delà de son maximum de contraction, effet que la réfraction de la lumière met à même de constater, lorsque les conditions d'observations sont favorables.

Lorsqu'une veine fluide pénétrant dans une masse de même nature que la sienne, y est amenée par un tube, elle s'élargit et, ainsi qu'on l'a déjà fait observer, une partie de la masse en repos se détache de toutes parts pour se joindre à la veine mobile et l'accompagner dans son mouvement ; mais s'il existe à proximité une paroi fixe qui gêne l'afflux d'un côté, cet afflux augmente d'autant du côté opposé. C'est ainsi, par exemple, que lorsqu'on souffle de l'air à travers un tube, et qu'on approche une flamme de bougie de l'ouverture d'écoulement, auquel cas, comme on l'a déjà expliqué, cette flamme se dirige vers le courant ; si l'on vient à placer parallèlement au tube une paroi fixe tout contre son prolongement, le mouvement de la flamme vers le courant en augmente beaucoup de vivacité, comparativement à ce qu'il était avant que l'on eût mis la paroi fixe du côté opposé. Même lorsqu'on intercepte ainsi l'afflux de l'air latéral en repos, de trois côtés à la fois, comme il arrive, par exemple, lorsque l'air sortant du tube s'engouffre dans une rainure d'une section transversale approchant de la sienne, et ne présentant d'ouverture latérale que d'un seul côté, la flamme de bougie placée près du côté ouvert, se meut dans l'intérieur de la rainure, soit que celle-ci soit parallèle ou oblique au courant d'air.

Lorsqu'on dirige contre un cylindre fixe un courant d'air d'une largeur plus grande que le diamètre de ce cylindre, et suivant une direction perpendiculaire à son axe ; que l'on dispose, en outre, à droite et à gauche, de petites girouettes de la manière indiquée (page 14) et représentée (fig. 3), ces girouettes prennent la direction du courant d'air, et s'y maintiennent tant que la vitesse de ce courant reste faible. Mais si l'on vient à augmenter la vitesse, au lieu de voir les girouettes persister d'autant plus dans cette direction, comme on pourrait croire que cela dût arriver, on les voit se mouvoir l'une et l'autre vers le cylindre. Cela tient, d'après les expériences ci-dessus mentionnées, à ce que l'air d'au-delà de la position où la direction du courant est tangente au cylindre, se dilate, et à ce que l'interposition du cylindre arrête l'afflux de l'air de son côté. Cet effet se réduit à si peu de chose, lorsque la vitesse du courant est faible, que les girouettes n'en sont pas, dans ce cas, détournées de leur direction ; mais lorsque le courant acquiert un peu plus de vitesse, les girouettes, sous l'influence de cette absence d'accès de l'air du côté du cylindre, se portent sensiblement vers lui ; et enfin, lorsque la vitesse du courant devient plus grande encore, elles sont poussées avec tant d'énergie dans cette direction qu'elles ne l'abandonnent plus, malgré le voisinage de la paroi fixe, dont on pourrait croire qu'elle devrait arrêter l'afflux de l'air contre elle.

Si l'on met le cylindre en rotation, la girouette placée du côté où l'air entraîné par le mouvement rotatoire se meut dans le même sens que l'air du courant, est poussée avec plus de force encore contre le cylindre, ce qui prouve que la diminution de la pression s'est encore accrue. Ainsi, de ce côté, la pression exercée par l'air contre la surface cylindrique est moindre qu'elle ne serait dans l'état de repos, c'est-à-dire si le cylindre ne tournait pas, et qu'il n'y eut en général aucun mouvement dans l'air.

De l'autre côté du cylindre, où l'air mû par la rotation marche en sens contraire du courant rectiligne, la girouette est écartée. Dans ce cas, les deux masses d'air en action engendrent par leur conflit un mouvement latéral (page 18) qui agit tout à la fois contre la girouette et contre le cylindre, et fait que ce dernier éprouve en cet endroit une pression plus grande que dans l'état de repos. Pour un certain rapport des vitesses des masses qui s'entrechoquent, la résultante de leur mouvement est perpendiculaire à la direction du courant, et c'est alors que la pression est à son maximum; voilà pourquoi, en outre, le maximum de répulsion de la girouette répond à un rapport déterminé de la vitesse du mouvement rotatoire à celle du mouvement rectiligne (page 16).

L'application des résultats de ces expériences à l'explication des déviations des projectiles sphériques se présente d'elle-même.

En effet, lorsqu'un boulet tourne autour de son centre de gravité, en même temps qu'il est emporté dans sa trajectoire, l'air auquel il communique un mouvement rotatoire agit contre l'air en repos, du côté où il marche dans le même sens que le boulet, d'une manière analogue à celle de deux courants qui vont à l'encontre l'un de l'autre. Il en résulte sur le boulet une pression perpendiculaire à la direction qu'il suit. En outre du côté opposé où l'air

en rotation marche en sens contraire du mouvement de translation du boulet, il se produit une diminution de pression. De là on doit conclure que
si le mouvement rotatoire du boulet a lieu autour
d'un axe dirigé suivant la normale principale de la
trajectoire, et en désignant par le mot *dextrorsum*
le mouvement rotatoire dans lequel le boulet
tourne de gauche à droite dans sa partie antérieure,
pour un observateur placé en arrière de la pièce, et
par le mot *sinistrorsum* celui dans lequel ce mouvement a lieu de droite à gauche dans cette même
partie antérieure, on doit conclure, dis-je, que le
boulet à rotation *dextrorsum* éprouve une diminution de pression à sa droite, et une augmentation
de pression à sa gauche, variations par suite desquelles le boulet dévie à droite. Par des raisons ana-
logues le boulet dont la rotation serait *sinistrorsum*
dévierait à gauche.

Dans le cas où l'axe de rotation du boulet serait
perpendiculaire au plan de la trajectoire, si elle est
plane, ou à son plan osculateur si elle est à double
courbure, il n'y aurait pas, à proprement parler, de
déviation ; mais la pression de l'air sur le boulet ne
serait pas la même en dessus qu'en dessous : elle
serait plus grande en dessus si la partie supérieure

tournait de l'arrière à l'avant ou dans le même sens que le mouvement de translation ; alors le boulet s'abaisserait par l'effet de cette pression et la portée serait moindre que s'il y eût eu égalité de pression en dessus et en dessous. Au contraire, si c'était en dessous que la rotation du boulet marchât dans le même sens que le mouvement de translation, la pression serait plus grande en dessous qu'en dessus, le boulet se relèverait et retomberait finalement plus loin. Ce n'est qu'autant que l'axe de rotation resterait toujours tangent à la trajectoire que la rotation ne pourrait pas engendrer de déviation. Pour toute autre position de cet axe, il se produit nécessairement, soit une déviation latérale, soit une déviation longitudinale, soit tout à la fois une déviation latérale et une déviation longitudinale.

Tout en considérant cette explication des déviations des projectiles sphériques, comme suffisamment bien fondée sur les expériences précédemment rapportées, voulant la mettre à l'abri de toute objection, il me restait encore à démontrer que la différence des pressions de l'air de deux côtés opposés du projectile était assez grande pour produire les déviations observées. Comme on n'a pas encore trouvé jusqu'ici le moyen de mesurer cette différence de pression, j'ai fait voir expérimentalement qu'un corps tournant contre lequel un courant d'air est dirigé, se meut latéralement à la direction de ce courant ; ce qui conduit à conclure, par analogie, qu'il doit en être de même à l'égard des projectiles.

J'ai fait usage, pour produire le mouvement latéral dont je viens de parler, d'un léger cylindre creux de cuivre jaune *ab* (fig. 2, pl. 1), de 3 pouces (0^{m}078) de hauteur sur 2 pouces (0^{m}052) de diamètre, très-mobile autour de son axe, entre deux pointes fixées aux extrémités d'un des diamètres intérieurs d'un anneau métallique. Ce corps et son anneau étaient fixés à l'une des extrémités d'une espèce de fléau de balance, en bois, *yz*, de 4 pieds (1^{m}255) de longueur, suspendu en son milieu par un fil métallique fin *vw* de 8 pieds (2^{m}511) de long, de manière à former une sorte de balance de torsion. Ce fléau était maintenu dans une position horizontale pendant l'expérience, au moyen d'un contre-poids *p* convenablement suspendu près de son autre extrémité. Il était, de plus, contenu en deux de ses points *t* et *u* pris à égales distances de son milieu *v*, par deux cordons *rt*, *ru*, réunis obliquement en un seul et même point du fil de suspension ; ce mode d'attache avait pour but de prévenir autant que possible tout mouvement de vacillation. Enfin, pour mieux atteindre encore ce but, on avait adapté un fil de soie vc au milieu du fléau, d'où il allait s'attacher en contrebas à un point fixe situé précisément à l'aplomb du point de suspension w. Par ce moyen le centre de rotation v du fléau ne pouvait s'écarter de sa position que juste autant que le permettaient les limites d'élasticité du fil métallique vw et du fil de soie vc.

Pour imprimer le mouvement de rotation au cylindre, on avait ajusté, sur le prolongement de son axe, une petite bobine e autour de laquelle s'enroulait un menu cordon de soie. En déroulant rapidement ce cordon, le cylindre prenait un mouvement rotatoire qui durait de 2 à 3 minutes. Pendant que le cylindre tournait, on dirigeait sur lui un courant d'air. Ce courant était produit au moyen du même petit ventilateur EF à force centrifuge déjà décrit à la page 13. Ce dernier appareil était installé de manière que le mouvement de l'air se faisait parallèlement à la direction du fléau yz, entre le point de rotation v et l'extrémité z où le cylindre était fixé verticalement dans son anneau, dont le plan perpendiculaire à la direction du courant d'air répondait à 2 pouces (0ᵐ052) en avant de l'ouverture *mn* du ventilateur. Pour empêcher que le cylindre ne s'écartât de la direction du courant d'air par l'effet de sa déviation latérale, on avait disposé les choses de telle sorte que l'ensemble du ventilateur pût accompagner le cylindre dans son mouvement et que le courant d'air restât toujours parallèle à la direction du fléau *yz*. A cet effet, on l'avait installé sur une planche horizontale AB mobile autour d'un axe vertical *c*, et portant à l'extrémité opposée au ventilateur un contrepoids G.

Quand on faisait tourner le cylindre sans faire agir le courant d'air sur lui, il ne sortait pas de sa place ; il restait également en repos lorsqu'on dirigeait le courant d'air contre lui, sans le mettre en rotation. Mais quand le courant d'air rencontrait le cylindre pendant qu'il tournait, ce cylindre était aussitôt poussé latéralement, entraînant avec lui le fléau *yz* du côté où l'air en rotation et celui qui sortait du ventilateur marchaient dans le même sens, ainsi que cela est indiqué dans la figure 3, pl. 1ʳᵉ, où les flèches *a* font connaître la direction du courant d'air, les flèches *b* celle de la rotation du cylindre, et la flèche *c* celle de la déviation.

Lorsqu'en faisant convenablement tourner la planche AB, le ventilateur accompagnait le cylindre dans son mouvement latéral, ce mouvement se prolongeait tant que la rotation du cylindre conservait assez de force, et il lui arrivait souvent de décrire un cercle entier. Faisait-on tourner le cylindre en sens contraire à celui qu'on lui avait imprimé dans une première expérience? le mouvement de transport latéral se faisait aussi du côté opposé à celui que l'on avait d'abord observé. Venait-on à interrompre le courant d'air? le fléau yz auquel le cylindre tournant était attaché ne s'arrêtait pas sur-le-champ, parce qu'il avait un moment d'inertie assez considérable. Si, pendant que le cylindre tournait autour de son axe, et que, par l'effet simultané du courant d'air dirigé contre lui, il était poussé latéralement, entraînant avec lui le fléau yz, on venait à imprimer à ce fléau une impulsion en sens contraire, mais toujours en compagnie du ventilateur, le mouvement imprimé par cette impulsion ne tardait pas à s'arrêter, et le système reprenait ensuite sa marche primitive. Il était donc absolument impossible de ne pas reconnaître, après un tel ensemble d'observations, que le mouvement latéral du cylindre était un effet de sa rotation sous l'influence du courant d'air.

Il convient de reconnaître qu'en même temps que le courant d'air agissait sur le cylindre tournant, il exerçait aussi une pression contre la surface de l'anneau, et que, quand cette surface cessait d'être perpendiculaire à la direction du courant, elle était poussée latéralement avec le cylindre quand celui-ci ne tournait pas. Mais il est bien certain que la déviation du cylindre tournant ne provenait nullement de cette position oblique de l'anneau. Car quand on disposait le plan de cet anneau pendant la rotation du cylindre, de manière à lui faire faire un angle de 45° avec le courant d'air, la déviation latérale avait lieu soit à droite, soit à gauche, selon que la rotation du cylindre se faisait à droite ou à gauche, ; d'où l'on voit que la pression latérale de l'air contre la surface de l'anneau, dont la largeur n'était que de 0 pouces 25 (0^m007) se réduisait en réalité presque à rien, vis-à-vis de la force avec laquelle le cylindre était poussé latéralement par l'effet combiné de l'air du courant rectiligne et de l'air entraîné par le mouvement de rotation.

Si donc on a égard à la grande vitesse de rotation d'un projectile, comparativement à celle de notre

cylindre, on restera convaincu, après notre expérience, que la différence de la pression de l'air
contre les deux côtés opposés d'un projectile est
assez considérable pour donner lieu à une déviation
latérale.

Je crois avoir mis en pleine évidence, par ces
expériences, la cause de la déviation des projectiles sphériques, et avoir ainsi donné la théorie
d'un phénomène resté si longtemps inexpliqué.

§ 2.

Sur la déviation des projectiles oblongs.

De nos jours les projectiles oblongs tirés dans
des canons rayés ont acquis plus d'importance que
les projectiles sphériques, par suite de la supério-
rité de leurs effets. Non-seulement ils ont des portées beaucoup plus étendues, mais la justesse de
leur tir est aussi beaucoup plus grande, leurs déviations étant comparativement insignifiantes. On
peut hardiment prédire, qu'à raison de ces avan-

tages il ne tarderont pas à faire abandonner tout à fait les projectiles sphériques.

Une question qui se présente d'abord à l'esprit, en ce qui regarde les déviations des projectiles oblongs est celle de savoir si leur cause première est la même que celle des déviations des projectiles sphériques. Partout où l'usage des projectiles oblongs s'est introduit, la forme qu'on leur a donnée est celle d'un cylindre terminé en avant par un cône ou par un corps ogival, et en arrière ou du côté de la base, tantôt par une surface plane, tantôt par un corps arrondi. Une rayure pratiquée dans les parois de l'âme des bouches à feu sert à leur imprimer un mouvement de rotation autour de leur axe, c'est-à-dire autour de la ligne allant de la pointe au milieu de la base, ou, du moins, d'une ligne peu différente de celle que l'on vient d'indiquer. Partout où le tir des bouches à feu rayées est devenu l'objet d'observations attentives, il a été remarqué que leurs déviations se faisaient toujours d'un même côté, et que c'était le côté droit de l'observateur placé en arrière de la pièce, et regardant la marche du projectile

Les fusils et les carabines avec lesquels on ne tire plus maintenant partout que des balles allongées, ont aussi leur déviation latérale; mais pour ces sortes d'armes on a réussi en modifiant la forme du projectile à maintenir ces déviations dans de très-étroites limites (4).

La cause pour laquelle la déviation de ces projectiles a toujours lieu du même côté (sauf quelques exceptions dont il sera parlé plus loin), tient, sans aucun doute, à ce que les rayures des bouches à feu sont partout et toujours contournées dans le même sens, lequel sens est tel qu'un observateur placé en arrière du projectile et regardant la route suivie par un de ses points engagé dans une rayure, voit ce point marcher de gauche à droite en arrivant dans la partie supérieure de l'âme, et de droite à gauche en arrivant dans la partie inférieure ; ou, en moins de mots, voit ce point se mouvoir comme l'aiguille d'une montre.

Je distinguerai cette sorte de rayure sous la dénomination de rayure *dextrorsum*, et celle qui suit la marche inverse sous celle de rayure *sinistrorsum*.

Cette déviation toujours vers la droite dans le cas des bouches à feu à rayure *dextrorsum*, ne permet pas de douter que le sens de cette déviation

(4) Voir la note 4 du traducteur à la fin du mémoire.

soit déterminé par la direction donnée aux rayures ;
et que des pièces à rayure *sinistrorsum* donneraient
lieu à une déviation vers la gauche (*).

Lorsqu'on tire avec des projectiles oblongs contre
une cible (Scheibe) (5), les trous qu'ils y font ont
presqu'exactement la forme de la section transversale de ces projectiles. Cela prouve que leurs axes
doivent être très-approximativement couchés sur
tangente à la trajectoire. S'ils y étaient toujours
exactement couchés, la résistance de l'air agirait
toujours parallèlement à l'axe, puisqu'elle s'exerce
toujours suivant la direction de la tangente. Le
mouvement de l'air serait alors parfaitement uniforme tout autour de l'axe, et sa résistance au
mouvement ne pourrait jamais faire naître une
déviation latérale. Mais la vérité est que l'axe du
projectile n'est pas rigoureusement dirigé suivaut
la tangante à la trajectoire.

En effet, si dans le tir d'un projectile oblong

(*) Il m'a été rapporté que depuis la publication de la
1ʳᵉ edition de cet opuscule, des expériences ont été faites
dans l'artillerie prussienne avec des canons à rayures *sinistrorsum*, et qu'elles ont en effet donné lieu à des déviations
à gauche.

(5) Voir la note 5 du traducteur à la fin du mémoire.

avec un canon rayé, la pesanteur n'agissait pas sur
lui, il devrait conserver pendant tout le trajet la
direction suivant laquelle il serait sorti de la bouche
de l'arme, et c'est dans cette même direction que
s'exercerait sur lui la résistance de l'air. Mais
comme le projectile est pesant, son centre de gravité décrit une courbe, et c'est suivant cette courbe
que la résistance de l'air s'exerce. Ainsi, en chaque point de la trajectoire, la direction de cette résistance est donnée par celle de la tangente. Si,
dans tous les points de la trajectoire, la résultante
de l'ensemble des pressions de l'air sur le projectile passait constamment par son centre de gravité,
*il n'y aurait pas de raison pour que son axe chan-
geât jamais de direction* (6), le projectile se mouvrait alors en restant toujours parallèle à sa position
primitive, pendant que son centre de gravité dé-
crirait la courbe balistique. Mais non-seulement il
n'est pas possible, pratiquement parlant, de construire un projectile où la résultante des pressions
de l'air passerait toujours par le centre de gravité,
mais on est même obligé de lui donner à dessein
une forme qui dispose son axe à se rapprocher le

(6) Voir la note 6 à la suite du mémoire.

plus possible de la tangente à la trajectoire ; sans quoi le projectile aurait trop de résistance à vaincre, et son axe restant toujours parallèle à lui-même, ne pourrait pas frapper le but la pointe en avant, comme il est désirable que cela soit, pour le moins dans le cas des projectiles contenant une charge explosive (7).

On pourrait croire qu'à raison du petit angle formé par l'axe avec la tangente à la trajectoire (direction suivant laquelle la résistance de l'air agit), il devrait se produire une diminution de pression d'un côté du projectile oblong, et une augmentation du côté opposé, comme dans le cas des projectiles sphériques, mais ce n'est pas du tout ce qui a lieu ici ; car en examinant la chose de plus près, on trouve qu'alors, avec les projectiles à rotation *dextrorsum*, la diminution de pression aurait lieu à la gauche de l'observateur ci-dessus désigné, et que par conséquent ce serait de ce côté que devrait avoir lieu la déviation, tandis qu'elle a lieu, en réalité, au côté opposé, c'est-à-dire à sa droite.

Ces remarques suffisent à prouver que la cause

(7) Voir la note 7 à la fin du mémoire.

des déviations des projectiles oblongs diffère de celle qui produit les déviations des projectiles sphériques.

Pour arriver à découvrir cette cause, il m'a paru nécessaire, avant tout, de mieux connaître la direction de l'axe des projectiles pendant le mouvement.

Messieurs les membres de la commission royale d'épreuves des bouches à feu, qui étaient en fonctions pendant l'hiver de 1851-1852 ont bien voulu se prêter avec une obligeance extrême à entreprendre quelques observations à ce sujet. Pour cela, il a été tiré un certain nombre de projectiles avec une charge de poudre assez faible pour qu'il fut possible de les suivre des yeux pendant leur trajet, et d'observer la position de leurs axes. Plusieurs de Messieurs les membres de la commission ont même poussé l'obligeance jusqu'à observer devant moi les projectiles en expérience. Voici quel a été le résultat de ces observations.

Pendant le mouvement du projectile (et tous les observateurs étant disposés latéralement au plan de tir), l'axe du projectile a été distinctement vu près de la tangente à la trajectoire; toutefois on a pu reconnaître que, dans la branche descendante de cette courbe, la pointe était un peu plus haut au-dessus d'elle que si l'axe avait été exactement tangentiel (8).

De plus, on a pu reconnaître nettement à tous les coups, tant par le mouvement des projectiles à travers l'air, que par la forme des sillons qu'ils avaient creusés dans le sol, qu'au moment du choc, leur pointe *était quelque peu déviée vers la droite;* à peu près comme le montre la figure 6, pl. 1, où AB représente la direction primitive du tir; CD celle du sillon tracé au point de chute, et AB celle de l'axe au moment où le projectile s'arrêtait définitivement.

Lorsqu'un projectile, en arrivant près de terre a son axe fortement dévié, et que sa pointe est la première à rencontrer le sol, il peut même arriver qu'il se renverse en culbutant autour de sa pointe, de manière à ce que sa partie postérieure pendant le mouvement vienne alors se placer en avant. C'est en effet ce qui avait lieu pour la plupart des coups observés par la commission, car les projectiles qui restaient engagés dans la terre, se trouvaient relativement à la ligne de tir, dans la posi-

(8) Voir la note 8 à la fin du mémoire.

tion indiquée par la figure 7, pl. 1, où AB représente la ligne de tir, et *ab* la position de l'axe du projectile couché en terre; à quoi il convient d'ajouter, toutefois, que la pointe *b* était beaucoup plus profondément enfoncée dans le sol que la base *a*.

Il suit de ces observations que, pendant le mouvement de translation, l'axe du projectile n'est pas dans le plan vertical de la tangente, mais fait avec lui un angle par suite duquel la pointe du projectile est tournée du côté droit de l'observateur placé en arrière de la pièce.

En admettant que pendant tout le parcours de la trajectoire, ou du moins, pendant la majeure partie de ce parcours, l'axe du projectile ait, relativement au plan vertical de la tangente, la position qu'on vient d'indiquer, il est aisé de comprendre que ce projectile doit être poussé pendant tout ce temps par la résistance de l'air, du même côté vers lequel il incline, puisque dès lors cette action s'exerce sur lui obliquement comme contre un plan incliné. Si donc on peut démontrer que l'axe du projectile se place réellement de manière à faire un angle avec le plan vertical de la tangente, on aura démontré du même coup la cause de la déviation latérale du projectile.

Or, il est possible de faire voir que ce mouvement de l'axe est une conséquence de la position du centre de gravité. En effet, toutes les fois qu'une force appliquée à un corps tournant, dont le centre de gravité est dans l'axe de rotation, ne passe pas par ce centre de gravité, mais bien par quelque autre point de l'axe, son action, tant que le corps n'est pas en rotation, se borne à faire mouvoir l'axe autour du centre de gravité, dans le plan formé par sa direction et par celle de l'axe; mais lorsque le corps est en rotation au moment de l'action, ce n'est plus dans le plan que l'on vient de définir, que se fait le mouvement de l'axe; celui-ci décrit alors un cône ayant son sommet au centre de gravité.

Cette proposition est la même sur laquelle se fonde l'explication de la précession des équinoxes, et de la nutation de l'axe terrestre. *Bohnenberger* (*), pour en rendre la démonstration sensible aux yeux, a imaginé dans le temps un petit appareil ingénieux, et *Poisson* a écrit sur ce sujet un mé-

(*) Voir : *Gilbert's Ann* LX, 60. *Tubinger Blätter für Natur-Wissenschaften und Arzneikunde* von v. *Autenrieth* und *Bohnenberger*. *Bd.* III. *Heft* 1.

moire particulier qui a été inséré dans le 16ᵉ cahier du *Journal de l'Ecole polytechnique*, page 247 (9).

L'appareil de *Bohnenberger* consiste en un corps rond applati, ce qu'on appelle un sphéroïde, très-mobile autour de son petit axe, et suspendu au milieu de trois anneaux disposés de façon à ce que l'on puisse donner à volonté à son axe une direction quelconque.

J'ai fait exécuter en cuivre un appareil du même genre, en remplaçant toutefois le sphéroïde de *Bohnenberger* par un corps de la forme d'un projectile oblong, composé d'une partie cylindrique, et d'une partie conique. Sa partie cylindrique a 2 pouces (0^m052) de diamètre et autant de longueur. La longueur du corps entier, c'est-à-dire en y comprenant le cône droit qui le termine d'un côté, est de 3 pouces 4 (0^m089). Au delà du sommet du cône, l'axe du corps porte une petite bobine sur laquelle s'enroule un mince cordon de soie. Lorsqu'on déroule rapidement ce cordon, le corps prend un mouvement de rotation qui se prolonge pendant quelque temps avec une vitesse à peu près uniforme. L'ensemble de l'appareil est représenté dans

(9) **Voir la note 9 à la fin du mémoire.**

la fig. 8, pl. 2. L'axe d'acier *ab* du corps L se meut entre deux pointes fixées dans la paroi intérieure de l'anneau interne EF. En suspendant le corps dans les anneaux, on donne à son axe telle direction que l'on juge à propos ; mais pour qu'il puisse se maintenir dans une position voulue pendant l'expérience, il est nécessaire que les centres de gravité du corps et du système des anneaux soient exactement au centre de figure de ces mêmes anneaux. Pour satisfaire à cette condition, on a dû faire une partie du corps L creuse.

La construction de cet appareil n'est pas chose absolument facile, et demande un ouvrier habile et soigneux, en ce qu'il importe que le centre de gravité du corps L coïncide toujours exactement avec le centre de figure commun du système des anneaux, quelle que soit la position du corps. Pour cela, il est nécessaire que les axes de rotation des deux anneaux intérieurs AB, EF, ainsi que l'axe *ab* du corps s'entrecroisent en un seul et même point qui doit de plus se confondre avec le centre de gravité. Pour obtenir ce dernier résultat, les deux pointes ou pivots *a* et *b* peuvent s'avancer ou reculer à volonté au moyen de vis micrométiques.

Le mode de suspension que l'on vient de décrire

donne lieu à l'observation d'un premier effet remarquable de la rotation du corps L. Tant que ce corps ne tourne pas autour de son axe, la moindre force appliquée à l'un ou l'autre des deux anneaux tournants, fait mouvoir cet anneau avec la plus grande facilité. Mais il n'en est plus de même dès que le corps L tourne ; car alors il faut employer une force très-sensible pour déranger même de très-peu, soit l'un, soit l'autre des deux anneaux de sa position. De là vient aussi que l'axe *ab* du corps conserve invariablement sa direction pendant qu'il tourne.

Cela posé, si, pendant que le corps tourne, on fait agir sur son axe une force dont la direction ne passe pas par son centre de gravité : par exemple, si l'axe du corps étant incliné à l'horizon, on suspend un poids à l'anneau EF dans le voisinage du point *a ;* cet axe ne se meut pas dans le plan vertical qui le renferme, mais décrit un cône, car on voit le point *a* commencer à se mouvoir très-lentement en direction horizontale, à droite ou à gauche selon les cas. Si, au lieu de faire agir la force verticalement, on la fait agir horizontalement, l'axe décrit encore un cône, mais on voit alors le point *a* commencer à se mouvoir très-lentement en direc-

tion verticale, soit vers le haut, soit vers le bas,
toujours selon les cas. En général, le mouvement
de l'axe commence suivant une direction perpendiculaire ou à peu près perpendiculaire au plan
mené par la direction de la force et celle qu'avait
l'axe de rotation. A l'égard du sens vers lequel ce
mouvement a lieu, c'est un point qu'il importe
tout particulièrement de nettement définir, en vue
des considérations dont nous aurons ultérieurement à parler.

Supposons un observateur placé dans le prolongement de l'axe de rotation du corps L, au delà de
sa base, et qui verrait ce corps tourner comme l'aiguille d'une montre, c'est-à-dire à droite, si l'action de la force sur l'axe s'exerce à son extrémité
la plus éloignée de lui, en *a* près de la pointe du
corps ; cette pointe, dans le cas où l'action de la
force aurait lieu de bas en haut, marcherait vers la
droite de l'observateur, tandis qu'elle marcherait
vers la gauche si l'action de la force s'exerçait de
haut en bas. Que si la force agissait à l'autre extrémité de l'axe, celle qui est la plus rapprochée de
l'observateur et de la base du corps, alors l'extrémité éloignée ou la pointe se mouvrait à gauche
dans le cas où l'action s'exercerait de bas en haut,

tandis qu'elle se mouvrait vers la droite si l'action
s'exerçait de haut en bas. Lorsque l'observateur
voit la rotation se faire en sens contraire de l'aiguille d'une montre, c'est-à-dire vers la gauche,
la pointe, dans les différents cas désignés ci-dessus,
se meut en sens contraire de ce qui a été dit.

Maintenant, à la place du corps suspendu dans
notre appareil, considérons un projectile oblong de
même forme que lui, libre dans l'air et y tournant
autour de son axe, en même temps qu'il décrit sa
trajectoire; on concevra sans peine que la résultante de toutes les pressions de l'air exercées de
bas en haut contre sa surface inférieure passera
bien par l'axe, mais ne passera pas en général par
le centre de gravité, à cause de la forme du corps.
La résistance de l'air est donc ici une force en
vertu de laquelle la pointe du projectile doit se
tourner latéralement à la direction du centre de
gravité, et décrire un cône; et il ne restera (d'après
ce qui a été dit tout à l'heure), pour savoir si ce
mouvement se fera à droite ou à gauche, qu'à en
juger d'après la position du point d'application de
la résultante de la résistance de l'air sur l'axe, en
avant ou en arrière du centre de gravité; la rotation

étant censée avoir lieu dans le même sens dans les deux cas.

Les observations faites sur des projectiles tirés à faibles charges, qui ont été rapportées plus haut, ont prouvé que l'axe de ces projectiles approchait de coïncider avec la direction de la tangente à la trajectoire, et que, par conséquent, la pointe s'abaisse pendant le trajet. Au premier abord, cet abaissement semble indiquer que la résultante de la résistance de l'air passait par un point de la partie de l'axe postérieure au centre de gravité. Mais on est obligé de reconnaître qu'il ne peut en être ainsi, parce que dans ce cas, un projectile à rotation *dextrorsum* dévie du côté gauche d'un observateur placé en arrière; et que par suite le centre de gravité est poussé de ce même côté, en sorte qu'il y aurait une déviation en sens contraire de celle qui a lieu en réalité.

J'avoue que cette opposition entre l'expérience et la théorie m'a longtemps porté à chercher une autre explication de la dérivation des projectiles oblongs, jusqu'à ce qu'enfin les expériences qui seront décrites ci-après m'eurent appris que l'opposition n'était qu'apparente, que la résultante de la résistance de l'air rencontrait en réalité l'axe en

avant du centre de gravité, mais que cela n'empê-
chait pas la pointe du projectile de s'abaisser, malgré le relèvement qu'elle éprouvait d'abord, parce
que quand le mouvement rotatoire du projectile
est suffisamment rapide, le relèvement est à peine
sensible, et qu'il se produit à sa place un mouvement de la pointe vers la droite, si la rotation est
dextrorsum (9).

Or, dès que ce mouvement latéral de la pointe
commence, le plan mené par la direction de la résistance de l'air, ou de la tangente à la trajectoire,
et par l'axe du projectile, cesse d'être vertical et
se rapproche de l'horizontalité, au fur et à mesure
que la déviation de la pointe augmente; et comme
la pointe, ainsi qu'on l'a déjà dit, se meut toujours
perpendiculairement ou à peu près perpendiculairement à ce plan, il s'en suit que dans le cas considéré, elle se rapproche de la direction verticale
ou s'abaisse.

Cet abaissement de la pointe peut même aller
jusqu'à l'amener au-dessous du niveau de la tangente passant par le centre de gravité. Dans ce cas
la résistance toujours dirigée parallèlement à cette

(9) Voir la note 9 à la fin du mémoire.

tangente exerce son action sur la pointe de haut en bas (les mots haut et bas rapportés à la position de l'observateur précédemment désigné), et alors, le mouvement latéral de la pointe prend une direction contraire. Sans doute, il n'est pas présumable que pendant la courte durée du trajet du projectile, il se produise jamais une inclinaison aussi forte que celle dont on vient de parler ; mais pour les expériences dont il va être question, il est bon de remarquer que quand cette grande inclinaison a lieu, la pointe doit se mouvoir du côté opposé.

Voulant savoir au juste si la résultante de la résistance de l'air sur un projectile de la forme du corps cylindroconique précédemment décrit, rencontre son axe en avant ou en arrière du centre de gravité, j'ai fait les expériences suivantes : On a dirigé contre le corps L de la figure 8, pl. II, suspendu au milieu de trois anneaux, un courant d'air d'une force uniforme dans toute sa section transversale, assez étendue elle-même pour que le corps fût plongé tout entier dans le courant, dans toutes les positions qu'il était susceptible de prendre.

Le courant d'air était fourni par un fort soufflet, et préalablement emmagasiné dans un sommier consistant en une espèce de coffre de 1 pied

($0^m,314$) de hauteur sur autant de largeur et de longueur, dans l'une des faces duquel se trouvait une ouverture carrée de 3 pouces ($0^m,078$) de côté, dimensions qui étaient nécessaires pour que le corps fût enveloppé en entier par le courant, dans toutes ses positions. Mais comme la quantité d'air fourni par le soufflet ne suffisait pas à produire un courant uniforme de l'ampleur voulue, on a fixé au-devant de cette ouverture une feuille de métal percée de 484 petits trous également espacés entre eux et tous exactement du même diamètre de 1^{mm}. On n'obtenait pas, à la vérité, de cette manière, un courant unique, mais bien 484 courants minces d'égales forces ; mais ces courants minces, à cause de leur grand rapprochement les uns des autres, pouvaient être considérés comme agissant par leur ensemble à la manière d'un seul sur le corps L.

Dans cet état des choses, l'appareil de la fig. 8, pl. II, fut d'abord installé de manière à faire agir le courant d'air horizontalement contre le corps L en repos dont l'axe toujours maintenu dans le plan vertical médian du courant était légèrement incliné tantôt au-dessus, tantôt au-dessous du plan horizontal passant par le centre de gravité. Le résultat de l'observation fut que la pointe était rele-

vée par le courant toutes les fois qu'elle était primitivement au-dessus du plan horizontal précité, et
qu'elle en était au contraire abaissée toutes les fois
qu'elle était primitivement au-dessous de ce plan.

On voit donc que la résultante de la pression
exercée par le courant d'air contre le corps passait
toujours par la partie de l'axe située en avant du
centre de gravité, c'est-à-dire du côté de la pointe.

Or, telle qu'est l'action de notre courant d'air
contre le corps cylindroconique, telle aussi doit
être l'action de la résistance de l'air contre un projectile libre de même forme que ce corps. Là aussi,
lorsque le centre de gravité répond, comme pour
le corps L, au milieu de la longueur, la résultante
de la résistance passe par la partie antérieure à ce
centre; et il en est certainement de même lorsque
le centre de gravité n'est pas très-éloigné du milieu
de l'axe.

Après ces expériences sur le corps L non animé
d'un mouvement rotatoire, on en a fait avec le même
corps pendant qu'il tournait. Lorsque, dans l'état
de rotation, son axe se trouvait comme précédemment dans le plan vertical médian du courant d'air,
et sa pointe un peu au-dessus du plan horizontal
passant par le centre de gravité, elle se mouvait

lentement de côté, d'abord presqu'en direction horizontale, mais commençant ensuite à s'incliner.
Si la rotation du corps avait lieu à droite, le mouvement latéral de la pointe se faisait pareillement
à droite ; et si elle avait lieu à gauche, le mouvement de la pointe la portait à gauche. Quand la
durée de la rotation se prolongeait assez pour que
la pointe s'abaissât jusqu'au-dessous de la direction
du courant, c'est-à-dire au-dessous de l'horizontale, la déviation latérale de la pointe diminuait
peu à peu. Elle se mouvait donc absolument de la
manière que cela devait avoir lieu d'après ce qui a
été avancé plus haut, pour le cas où la résultante
de la résistance passe par la partie de l'axe située
entre le centre de gravité et la pointe.

On peut, avec une pleine certitude, conclure de
ces expériences, que la déviation des projectiles
allongés résulte de ce que la résistance tend à relever la pointe. Mais le relèvement qui a lieu en réalité n'en est pas moins très-peu considérable, parce
que, à cause du mouvement rotatoire, les forces
qui agissent sur la masse du projectile se composent entre elles de manière à faire prendre à la
pointe un mouvement latéral, en même temps
qu'elle est relevée, mouvement qui a lieu à droite

quand la rotation du projectile est *dextrorsum*. Il en résulte que le projectile se présente obliquement en prise à la résistance l'air, qu'il est poussé par elle, dans la continuation de son mouvement de translation, du côté vers lequel la pointe est tournée, parce que la résistance de l'air agit contre elle comme contre un plan oblique à sa direction ; et qu'enfin c'est là ce qui donne lieu à la dérivation. En même temps la pointe s'abaisse, et l'on pourrait croire que c'est par un effet d'une plus grande pression de l'air contre la partie du projectile postérieure au centre de gravité que contre sa partie antérieure, tandis que c'est le contraire qui a lieu.

Telle est, si je ne me trompe, la vraie cause de la dérivation des projectiles oblongs. Il nous reste maintenant encore à approfondir l'influence exercée par leur configuration sur ce changement de leur direction.

§ 3.

Influence de la forme des projectiles oblongs, sur leur dérivation et sur l'écoulement de l'air à leur surface.

Nous venons de voir que le relèvement de la pointe des projectiles allongés et leur dérivation tout entière sont une conséquence de leur conformation, puisque c'est d'elle qu'il dépend que la résultante finale des pressions de l'air sur leur surface passe ou par le centre de gravité, ou par un point de l'axe situé soit en avant, soit en arrière de ce centre. Si cette résultante passait par le centre de gravité pendant toute la durée du trajet, il n'y aurait lieu, d'après nos explications précédentes, à aucune déviation. Lorsqu'elle coupe l'axe du projectile en avant du centre de gravité, ce projectile est poussé du côté vers lequel la rotation se dirige, c'est-à-dire vers la droite, si la rotation est *dextror-sum*, et vers la gauche si la rotation est *sinistror-sum*. Lorsque, au contraire, la direction de la résultante de toutes les pressions de l'air rencontre l'axe en arrière du centre de gravité, la dérivation du projectile a lieu en sens contraire de ce que l'on vient de dire.

Si donc il n'y avait pas, dans la question, d'autre circonstance à prendre en considération, il suffirait, pour obtenir un projectile non sujet à dérivation, de trouver la forme à lui donner pour que la résultante de l'ensemble des pressions de l'air à sa surface passe par le centre de gravité, quel que fût l'angle formé par son axe avec la tangente à la trajectoire, qui est la direction de la résistance de l'air. Mais il existe précisément une certaine action de l'air non encore considérée jusqu'ici, dont cette résistance dépend, et qui est cause que tout résultat de raisonnement obtenu sans qu'on y ait eu égard laisse quelque chose à désirer,

Pour mettre cette action de l'air en évidence dans un cas particulier, concevons un projectile

cylindrique droit, à bases circulaires, et ayant son
centre de gravité au milieu de la longueur de son
axe, il est aisé de reconnaître que pour un tel
corps, en faisant abstraction de l'action de l'air
dont on vient de parler, la résultante de la résistance passerait constamment par le centre de gravité, quel que fût l'angle formé par la direction de
cette résistance avec celle de l'axe. Car en ne considérant d'abord que la base plane antérieure, les
composantes normales des pressions qu'elle éprouve
de la part de l'air, en chacun de ses points, sont
toutes égales entre elles, sous quelque angle que la
résistance agisse. La résultante de toutes ces pressions normales passe donc nécessairement par le
centre du cercle, et coïncide par conséquent en direction avec l'axe du cylindre; elle passe donc aussi
nécessairement par le centre de gravité qui est un
des points de cet axe. Si maintenant nous considérons la surface latérale du cylindre, dont il n'y
a toujours qu'une moitié qui subisse la pression de
l'air, il est aisé de voir aussi qu'en décomposant
cette pression en tous les points de cette moitié, la
résultante de toutes les composantes normales passera également par le point milieu du cylindre ou
par le centre de gravité.

Ainsi, avec un projectile cylindrique tel que celui que nous avons choisi, il ne devrait y avoir aucune déviation. Et cependant il résulte positivement d'une expérience que j'ai faite à l'aide de l'appareil décrit plus haut, (page 398) qu'il y en aurait une. En effet, ayant remplacé le corps cylindroconique suspendu dans l'intérieur des trois anneaux, (fig. 8, pl. II), par un cylindre semblable à celui dont il vient d'être question, avec le soin d'en faire correspondre le centre de gravité très-exactement au centre commun des trois anneaux, je l'ai soumis à l'action du courant d'air produit comme il a été dit à la page 405 et 406. Dans cet état, lorsque pendant que le cylindre BCDE (fig. 9; pl. II), tournait avec un degré suffisant de rapidité, son axe AG faisait un angle de 10 à 20 degrés avec la direction RS du courant, cet axe contractait un mouvement conique par suite duquel son extrémité A se mouvait vers la gauche d'un observateur faisant face à la direction du courant, lorsque le cylindre tournait comme l'aiguille d'une montre pour ce même observateur ; c'est-à-dire à sa droite. On est donc fondé à conclure de là qu'un projectile de la forme d'un cylindre droit à bases circulaires, placé dans les mêmes circonstances que celles de l'expérience précitée, éprouverait une déviation analogue ; c'est-à-dire que tiré dans un canon à rayures *dextrorsum*, il dévierait à gauche. — Nous apprenons que déjà des expériences de ce genre sont en cours d'exécution, et que les résultats en sont tels que nous les avions annoncés.

Quant à la cause de la déviation de cette sorte de projectiles, elle tient à cette circonstance que toutes les fois qu'un courant d'air, ou un courant liquide, ayant une vitesse uniforme dans tous les points de leur section transversale, se meuvent sous un angle aigu contre une surface plane fixe d'une étendue moindre que cette section transversale, tous les points de la surface choquée n'en éprouvent cependant pas la même pression. Concevons un courant d'air d'une section transversale extrêmement petite, un filet d'air, si l'on peut s'exprimer ainsi, (ein *Strahl von Luft*), se mouvant contre une portion de surface plane horizontale fixe, sous un angle aigu. Soit, par exemple R (fig. 10, pl. II) un tube fin à travers lequel on soufflerait de l'air contre le plan limité GH, que le filet d'air rencontrerait en A ; les particules d'air qui le composent se mouvront à la vérité le long de ce plan dans la direction de A vers C, en supposant que AC soit la commune section de ce plan avec le plan vertical mené par AR, mais elles s'étendront aussi dans toutes les autres directions et jusqu'en sens contraire, c'est-à-dire de A vers B. On peut rendre cette dispersion sensible en prenant pour surface plane une plaque de verre que l'on saupoudre uniformément d'une mince couche de sable sec. En soufflant alors à travers le tube R dans la direction RA (fig. 10), contre la plaque FGHK, on voit le sable se mouvoir dans tous les sens, quoique un peu moins loin du côté de B que du côté de C, à peu près comme l'indique la fig. 10.

Que s'il se trouvait à côté de RA un second filet d'air R'E ayant même direction et même force que lui (fig. 11), se trouvant aussi dans le même plan vertical RAC, et rencontrant la plaque GH en E, les particules d'air qui le composeraient se disperseraient dans toutes les directions à partir de E, et même vers B si elles n'en étaient pas empêchées par le mouvement de l'air venant de A. Réciproquement elles entraveraient le mouvement des particules poussées de A vers E et augmenteraient la pression normale que le filet RA exerce en A.

Poussant plus loin la synthèse d'un courant d'air d'une certaine ampleur, concevons maintenant la plaque entière frappée dans tous les points de sa surface par des filets d'air semblables ; en chaque point il y aurait un égal accroissement de la pression normale, à l'exception seulement de ceux qui répondent aux bords où l'air a toute liberté de s'échapper. Mais si l'on compare entre eux les bords opposés GK, FH, on comprendra aisément que la pression normale sera encore moindre au bord GK qu'au bord FH.

Il est très-aisé de prouver expérimentalement la réalité des différences de pression normale sur les bords. Il suffit pour cela de disposer une plaque métallique carrée bien aplanie, de manière à ce qu'elle puisse se mouvoir aisément autour d'un axe parallèle à l'un de ses côtés, et passant par son centre de figure qui est en même temps son centre de gravité. Dans cet état, la plaque reste en repos dans toutes les positions qu'on lui donne autour de son axe ; mais si l'on dirige alors contre elle un courant d'air d'une section transverse plus grande qu'elle, et d'une vitesse uniforme dans toute l'étendue de cette section, la plaque ne manquera jamais de se placer dans la position où elle est perpendiculaire à la direction du courant, qui est la seule où elle éprouvera des pressions égales sur les bords opposés. A la vérité, il y a aussi égalité de pression sur tous les points de la surface, lorsque la plaque est parallèle à la direction du courant (disposition où cette pression est nulle) ; mais la plaque n'est alors que dans un état d'équilibre instable, et pour peu qu'elle en sorte, l'égalité de pression sur tous les points cessant d'avoir lieu, elle se place perpendiculairement à la direction du courant. Quand, au contraire, l'axe de rotation de la plaque ne passe pas exactement par son centre, elle se place toujours parallèlement à la direction du courant, comme font toutes les girouettes, et comme il est aisé de s'en rendre compte (10).

Lorsque la plaque mobile autour d'un axe passant par son centre de gravité est placée dans un courant liquide, les choses se passent exactement de la même manière que dans un courant d'air. C'est pourquoi dans ce qui va suivre, j'exprimerai toujours la différence de pression sur les bords d'une surface contre laquelle agit un courant fluide, en disant qu'elle est un effet de l'écoulement.

Reprenons maintenant le cylindre circulaire droit BCDE de la figure 9, et considérons d'abord

______

(10) Voir la note 10 du traducteur à la fin du mémoire.

la pression qu'il supporte sur sa surface plane BC ;
il est clair, d'après ce qui a été dit ci-dessus de
l'effet de l'écoulement de l'air, que la pression normale sur les bords sera plus grande en B qu'en C ;
et que, par suite, la résultante de la pression normale agissant contre la surface plane ne coïncidera
pas avec l'axe même du cylindre, quoiqu'elle lui
soit parallèle, mais passe par quelque point intermédiaire entre A et B. Si donc la pression exercée
contre ce plan agissait seule sur le cylindre, la résultante de cette pression ne passerait pas par le
centre de gravité, et si le cylindre était suspendu,
sans mouvement de rotation, dans les trois anneaux,
comme il a été dit à la page 135 du journal, sa partie
antérieure en serait abaissée.

La pression exercée contre la surface latérale du
cylindre (et qui n'en affecte jamais qu'une moitié), est, elle aussi, moindre à l'endroit où l'air
s'écoule du bord en E qu'en B. Ainsi, la résultante
de l'ensemble des pressions agissant contre cette
surface ne passe pas non plus par le centre de gravité S du cylindre, mais en rencontre l'axe entre le
point S et le point A, c'est-à-dire en avant du centre
de gravité. L'effet de cette pression, si elle agissait
seule, serait de relever la partie antérieure du cy-

lindre, et par conséquent inverse de celui qui résulte de la pression contre la surface BC. Ainsi
selon que l'une de ces deux actions sera supérieure
ou inférieure à l'autre, il y aura ou relèvemént ou
abaissement de la partie antérieure du cylindre.
On comprend donc qu'il dépend de l'angle formé
par la direction du courant avec le cylindre que ce
soit l'une ou l'autre des deux actions qui l'emporte.
Mais comme la théorie n'est pas encore assez avancée pour établir la corrélation qui existe entre
elles, j'ai essayé de la déterminer expérimentalement pour le cas d'un cylindre d'une longueur
double de son diamètre. J'ai trouvé de cette manière
que lorsque l'angle fait par l'axe du cylindre avec la
direction du courant, était moindre qu'environ 25
degrés, l'axe se plaçait parallèlement au courant ;
et que quand, au contraire, il était plus grand
qu'environ 25 degrés, le cylindre se redressait, et
son axe prenait une direction perpendiculaire à
celle du courant.

D'après ces observations, on pouvait prévoir ce
qui arriverait dans le cas où le cylindre aurait un
mouvement de rotation autour de son axe en même
temps qu'il serait sous l'action d'un courant d'air,
à savoir : que quand l'angle formé par l'axe de ce

cylindre avec la direction du courant serait inférieur à 25 degrés, et si la rotation était *dextrorsum*,
le côté antérieur dévierait à gauche ; et que, quand
l'angle en question serait supérieur à 25 degrés, la
partie antérieure dévierait à droite , les mots *à
gauche* et *à droite* étant entendus comme il a été
expliqué plus haut. L'expérience a complètement
confirmé cette prévision.

Il suit de ces expériences qu'un projectile de la
forme d'un cylindre droit à bases circulaires et des
mêmes dimensions que celui que nous avons décrit, ayant son centre de gravité au milieu de sa longueur, et tiré dans une bouche à feu à rayures
dextrorsum, dévie à gauche lorsque l'angle de tir
est inférieur à 25 degrés, car il n'est pas admissible
que, pendant la durée entière de la trajectoire,
l'angle formé par l'axe et la tangente à cette courbe
devienne jamais plus grand que l'angle de tir. Mais
il serait bien possible au contraire que si un pareil
projectile devait être tiré sous un angle supérieur
à la limite indiquée, la déviation eût lieu en sens
contraire ou à droite, parce qu'il pourrait bien arriver alors que dans la branche descendante de la
trajectoire, l'angle fait par l'axe avec la tangente,

non-seulement atteignît la grandeur de l'angle de tir, mais même le dépassât.

Jusqu'à présent, autant que je sache, l'influence qu'exerce l'écoulement de l'air sur la déviation des projectiles n'a jamais été prise en considération. Il résulte cependant des expériences que je viens de rapporter que cette influence a des effets très-importants. Car comment expliquer autremen. que par elle, la déviation d'un projectile cylindrique bases circulaires ?

Nul doute que l'écoulement de l'air n'exerce aussi une influence sur le mouvement des projectiles allongés dont la partie cylindrique porte des cercles en relief (*hervorragende Reifen*), comme aussi sur ceux dont la partie postérieure est arrondie, ou va en diminuant de diamètre.

Il est impossible jusqu'à présent de déterminer théoriquement l'influence de la forme sur l'écoulement de l'air, et la déviation en général. (11)

On est donc réduit à s'en rapporter à l'expérience dans le choix d'une forme qui atténue la déviation. Sans doute, il est à désirer que la déviation soit très peu considérable, puisqu'alors la jus-

(11) Voir la note 11 à la fin du mémoire.

tesse du tir est plus grande ; mais il n'est ni possible ni convenable de chercher à l'annuler tout à fait. Car même, si l'on réussissait à trouver une forme de projectile qui prévînt toute déviation, la moindre variation qui arriverait dans l'exécution de projectiles d'une même espèce, deviendrait la cause d'une déviation ; et comme il est impossible, dans la construction des projectiles, d'empêcher qu'il intervienne de petites différences, tantôt dans un sens, tantôt dans un autre, il arriverait que les déviations occasionnées par elles seraient tantôt dans un sen, tantôt dans un autre, et que l'incertitude du tir serait plus grande que lorsqu'il y a lieu à une petite déviation dans un sens déterminé.

Ce n'est pas seulement la forme du projectile qui influe essentiellement sur la justesse du tir ; c'est aussi la manière dont il est conduit dans l'intérieur de la pièce. Sa rotation dans l'air ne peut avoir lieu autour de son axe de figure, qu'autant qu'elle se fait exactement autour de cet axe pendant son parcours dans l'âme ; et, de plus, qu'autant que le centre de gravité est exactement sur cet axe. Si le projectile tourne dans l'intérieur de la pièce autour d'une ligne autre que son axe propre, ou si l'axe de rotation est sujet à changer dans le

parcours dans l'âme, et qu'en sortant de la bouche
à feu le projectile ne tourne pas toujours autour de
la même ligne, l'axe de rotation change pendant le
trajet dans l'air, suivant des lois que la mécanique
enseigne. Par suite de ce changement, il y en a
aussi un dans la résultante de la résistance de
l'air, et la déviation devient tout autre selon la direction de l'axe de rotation, au moment où le projectile abandonne la pièce. Il importe donc essentiellement pour la justesse du tir, que la marche
du projectile dans la pièce soit toujours la même.

Mais il importe aussi que le moyen à employer
pour guider le projectile dans les rayures, ne soit
pas de nature à porter accidentellement atteinte
à la forme extérieure du projectile ; par exemple,
à ce qu'aucune partie ne puisse en être séparée,
ou, ce qui serait encore pire, ne puisse en être
faussée latéralement dans sa direction. Car alors
non-seulement la résultante de la résistance en est
changée, mais l'effet de l'écoulement de l'air en
est aussi modifié, ce qui devient une cause de déviation très-considérable et irrégulière.

§ 4.

LE POLYTROPE.

Appareil servant à la démonstration de divers phénomènes de rotation (*).

Les phénomènes produits par les corps tournants sont si divers, et souvent si difficiles à prévoir, qu'il n'est personne qui ne recherche l'occasion de les observer. J'ai pensé, par cette raison, qu'on verrait volontiers ici la description d'un appareil propre à la démonstration des phénomènes les plus variés produits par la rotation. Sans doute

(*) J'ai déjà décrit dans la première édition de ce Mémoire, un appareil de ce genre, mais qui, au lieu de se mouvoir sur une pointe comme celui-ci, était suspendu à un fil. Il manquait aussi à l'ancien de pouvoir être disposé de manière à donner à son axe de rotation une inclinaison quelconque sur l'horizon. Plus tard, j'ai décrit, dans les *Annales de Poggendorff*, tome XCI, page 295, une construction améliorée de cet appareil, et proposé de le désigner, dans son nouvel état, sous le nom de *polytrope*, en vue de le distinguer des autres appareils de ce genre. Depuis ce temps, j'y ai encore apporté diverses améliorations. Il existe dès à présent, sous cette nouvelle forme, dans plusieurs cabinets de physique, mais il n'en a pas encore été publié de description complète.

l'appareil dit de *Bohnenberger* mentionné à la page 398, ainsi que celui que nous avons décrit à la page 398 et suivantes, avec son corps tournant cylindroconique, peuvent aussi être utilisés à cette fin. La même remarque s'applique aussi au *gyroscope* de M. *Foucault* de Paris, ainsi qu'à un appareil indiqué par M. *Fessel* de Cologne ; mais aucun de ces instruments, toutefois, ne me paraît susceptible de se prêter à une aussi grande diversité d'expériences, ni être d'un maniement aussi facile que celui dont nous allons donner la description (12).

Il est représenté planche II, fig. 12, et consiste en deux disques de cuivre AB et CD, de 3^{po} 8 $(0^m, 10)$ de diamètre, très-mobiles autour de leurs axes *ab* et *cd* dans l'intérieur des deux étriers *abfg* et *cdhk* où ils sont supportés par des pointes. Les étriers sont adaptés aux deux extrémités d'une barre de bois *mn* solidement retenue au moyen de la vis de pression *e* dans l'intérieur d'un fourreau-coulisse *os* ; et très-mobile, en même temps que le dit fourreau autour d'un axe horizontal *qr* porté sur deux pointes, entre les branches de la fourchette *pqr*. Cette fourchette est adaptée à l'extré-

(12) Voir la note 12 à la fin du Mémoire.

mité supérieure d'une tige ronde verticale **vw** terminée en pointe à sa partie inférieure **w**. Par suite de cette disposition , l'appareil entier repose sur la pointe **w**, et jouit d'une très-grande mobilité tout à la fois autour d'un axe vertical , et autour d'un axe horizontal.

Pour pouvoir arrêter l'un ou l'autre de ces deux mouvements, on a fixé au point p de la fourchette *pqr* une pièce *pu*, en cuivre jaune qu'une vis à longue tige z pressant contre la pièce *pt* permet d'élever à volonté et de serrer en dessus contre la pièce demi-circulaire *xy*, en contact avec le fourreau *os*. Par là il devient possible de fixer *mn* sous telle inclinaison que l'on veut par rapport à l'horizon. En desserrant la vis z , la pièce *pu* tombe par son propre poids, et le mouvement redevient libre.

On peut aussi , en saisissant la tête de la vis z avec la main, soit accélérer, soit arrêter à volonté le mouvement autour de l'axe vertical.

Des fils de cuivre l et i que l'on accroche au besoin en *mn*, peuvent recevoir dans leurs parties recourbées différents poids P munis à cet effet de crochets de suspension.

Une poignée en bois **EF** , à laquelle s'attachent deux cordons **E** et **F** d'égales longueurs, sert à mettre les deux disques AB et CD en rotation. Selon que les deux cordons ont été enroulés sur les axes des disques dans un même sens ou suivant des sens contraires, il est possible, en les tirant ensuite simultanément, de faire tourner du même coup les deux disques, soit dans un même sens, soit en sens contraires, en leur imprimant des vitesses très approximativement égales.

Lorsqu'on fait tourner les deux disques AB et CD dans un même sens, en laissant à la barre *mn* la liberté de se mouvoir dans son fourreau-coulisse, cette barre conserve invariablement sa direction, tant qu'on ne suspend aucun poids en l et i ou que l'on n'y suspend que des poids égaux. Mais si l'on place d'un côté un poids plus grand que de l'autre, l'appareil se met à l'instant à tourner autour de son axe vertical; et la loi qu'il suit dans ce mouvement est telle, qu'un excès de poids suspendu en *m* détermine toujours une rotation en sens contraire de celle qui aurait lieu si le même excès de poids avait été mis en *n*. Il va d'ailleurs sans dire que la direction du mouvement varie selon le sens dans lequel la rotation des deux disques a lieu. Quand les disques tournent comme l'aiguille d'une montre, pour un observateur placé dans le prolongement de *mn*, et que l'excès de poids se trouve du côté de l'appareil le plus rapproché de l'observateur, ce côté se meut de la droite à la gauche de cet observateur.

Pendant qu'a lieu ce mouvement autour de l'axe vertical, l'inclinaison de l'appareil par rapport à l'horizon ne varie que d'une manière à peine perceptible, même sous l'influence d'un excès de poids, mis de l'un des côtés, qui s'élèverait jusqu'à 1,000 grammes ou 2 livres. Si alors on accélère la rotation autour de l'axe vertical, en conduisant la tête de la vis *z* avec la main, le côté chargé se relève; et, au contraire, il s'abaisse lorsqu'on ralentit le mouvement de rotation de l'appareil. Si on l'arrête tout à fait, en tenant la tête de la vis *z* fixement, à l'instant le côté surchargé s'abat. Ainsi, l'axe autour duquel les masses tournent, perd sa fixité en perdant la liberté de se mouvoir. C'est de la même manière que, dans l'appareil de *Bohnenberger* ou dans celui qui est représenté dans la fig. 8, pl. II, l'axe du corps tournant devient à l'instant extrêmement mobile dès que l'anneau du milieu est retenu fixement. Si l'on essaie de construire un appareil de ce genre avec deux anneaux seulement au lieu de trois, en rendant fixe celui des deux qui est à l'extérieur, l'axe du corps qui, dès lors, ne peut plus se mouvoir que dans un seul plan, ne prend aucune position fixe.

L'apparente contradiction consistant en ce que l'axe d'un corps tournant semble fixe alors qu'il est entièrement libre, tandis qu'il change de position sous l'action de la moindre force quand il ne peut se mouvoir que dans un plan, donne à ces expériences quelque chose d'éminemment paradoxal.

Si on laisse tourner librement autour de son axe vertical l'appareil surchargé d'un côté, par exemple en *m* (*fig.* 12), et qu'on fixe invariablement son inclinaison pendant son mouvement, au moyen de la vis *z*, la rotation autour de l'axe vertical cesse aussitôt, mais pour reprendre dès que l'on desserre la vis *z*, pourvu cependant que les disques AB et CD conservent encore leur mouvement de rotation. Seulement il faut prendre garde, en desserrant la vis, de ne pas mettre d'obstacle au mouvement de rotation autour de l'axe vertical, sans quoi l'on verrait à l'instant tomber le côté surchargé de l'appareil.

Lorsque ce côté, en s'abaissant, tombe aussi bas qu'il en est susceptible, c'est-à-dire jusqu'à ce que l'une des saillies x ou y vienne heurter la pièce *pu*, la rotation autour de l'axe vertical cesse, parce que la rotation autour de l'axe horizontal est arrêtée ; si alors on relève avec la main le côté chargé, la rotation autour de l'axe vertical reprend aussitôt son cours. Dans cette circonstance, il se produit ordinairement un mouvement particulier, consistant en ce que, en même temps que l'appareil tourne autour de l'axe vertical, son côté surchargé oscille de haut en bas, et de bas en haut.

Lorsque, au lieu de soulever ce côté, on conduit à la main la tête de la vis z le long du cercle qu'elle peut décrire autour de l'axe vertical, et qu'on donne à tout l'appareil une vitesse de rotation un peu plus grande que celle qu'il aurait si le mouvement autour de l'axe horizontal n'était pas arrêté, le côté surchargé se relève tout seul, et le mouvement rotatoire autour de l'axe vertical continue aussi de lui-même ; à supposer, bien entendu, que les disques AB et CD aient conservé une vitesse de rotation suffisante.

Si l'on donne aux mouvements de rotation des disques AB et CD des directions contraires, avec des vitesses égales, l'appareil conserve la plénitude de sa mobilité dans toutes les directions ; et la moindre surcharge, appliquée en m ou en n, fait à l'instant trébucher le côté surchargé. On le comprendra aisément en considérant que, s'il n'y avait qu'un seul disque en rotation, l'appareil tout entier tournerait autour de l'axe vertical vw, en sens contraire de celui qu'il suivrait, si c'était l'autre disque qui tournât seul. L'appareil est donc sollicité à se mouvoir autour de cet axe, suivant deux directions contraires ; et, comme les deux forces qui tendent à lui imprimer ces deux mouvements contraires sont égales entre elles, elles se font mutuellement équilibre, et il n'y a pas de mouvement autour de l'axe vertical. Il arrive ainsi précisément la même chose que si l'un seul des disques tournait, ou que, les deux disques tournant dans le même sens, la tête de la vis z était arrêtée avec la main.

Toutes les expériences ci-dessus indiquées peuvent aussi se faire sans employer de poids. En effet, lorsque la vis de pression e est desserrée, la barre mn acquiert la liberté de glisser d'un bout à l'autre de sa longueur dans l'intérieur du fourreau os qui la guide, auquel cas l'appareil se présente sous la forme de la fig. 13. Alors le poids du disque CD agit à l'extrémité d'un plus long levier que celui du disque AB, et il en résulte le même effet que si l'on avait suspendu des poids en *n*. Plus il y a, dans ce cas, de différence de longueur entre les deux bras de levier, plus la rotation de l'appareil a de rapidité.

Le déplacement longitudinal de *mn* dans l'intérieur du fourreau *os* rend possible une autre expérience encore. En effet, lorsque les distances qui séparent les deux disques tournants de l'axe vertical *ow* sont inégales, et que l'on donne aux rotations de ces deux disques des directions contraires, avec des vitesses autant égales entre elles que possible, l'appareil jouit d'une très-grande mobilité. Même en chargeant la branche la plus courte de poids mis en *m*, pour établir l'équilibre, le moindre excès de poids qui détruit l'équilibre, lorsque les disques ne tournent pas, le détruit pareillement pendant qu'ils tournent. De là, il suit (ce que l'on comprendra du reste par d'autres considérations encore) que l'éloignement de la masse tournante, par rapport à l'axe vertical, est sans influence, ou n'a qu'une influence extrêmement faible, sur la rotation de l'appareil.

On ajoute encore à ce qu'il y a déjà de singulier

dans l'observation de ces phénomènes, en n'opérant qu'avec un seul des anneaux ou étriers, par exemple, avec *fgm*, où tourne le disque AB, qu'on détache de la barre *mn*. C'est à cette fin que les étriers *fg* et *hk* ont été ajustés sur la barre *mn* au moyen d'une pièce intermédiaire creusée en cône, que l'on y fixe par les vis *m* et *n*. Après avoir retiré l'étrier, on introduit dans la pièce intermédiaire ou l'annexe un tampon conique *gr* (fig. 14), terminé par un ferret d'acier et que l'on y fixe avec la vis *m* (fig. 16). Le ferret se termine en *c* par une très-petite boule qui fait que le contact avec le support *xz* (fig. 15 et 16), sur lequel l'appareil doit tourner, a toujours lieu de la même manière, quelle que soit l'inclinaison qu'il prenne. Le support en crapaudine *xz* (fig. 15) s'ajuste sans difficulté dans le pied de l'instrument dont il suffit, à cet effet, de retirer la tige *vw* (fig. 12), en même temps que la barre *mn* qui y tient et le second disque ; puis d'y introduire la crapaudine.

Pour pouvoir imprimer au disque AB un mouvement rotatoire rapide par le déroulement d'un cordon enroulé sur son axe *ab*,, on commence par poser l'étrier *fg* dans une espèce de châssis, dont on le retire ensuite avec le disque tournant pour le placer sur son pied, l'extrémité *e* du ferret dans le fond de la crapaudine *xz*, de manière que l'axe y soit incliné sur l'horizon, comme le montre la figure 16. Dans cette position, l'appareil ne tombe pas, mais tourne sur son support en décrivant avec son axe un cône ayant pour axe la verticale passant par la boule terminale du ferret.

L'appareil, en mouvement de la manière que l'on vient de dire, présente quelques phénomènes très-particuliers dans leur succession.

Mais, avant de les décrire, je ferai d'abord remarquer que tous les faits que j'aurai à signaler se rapportent particulièrement à l'appareil que j'employais : d'autres masses et d'autres vitesses angulaires des disques tournants, d'autres rapports entre la masse de l'étrier et celle de l'ensemble de l'appareil, auraient produit des apparences toutes différentes dans les effets observés. Avec cet appareil donc :

Quand la boule *e* est dans le prolongement de l'axe *ab*, l'étrier *fg* commence, dès que l'appareil est posé sur la crapaudine *xz*, à tourner autour de l'axe *ab*, en même temps que cet axe décrit le cône dont il a été parlé autour de la verticale. Cette rotation de l'étrier tient au frottement de l'axe *ab* dans les crapaudines *a* et *b* qui le terminent, et où pénètrent les pointes sur lesquelles il est supporté. Voilà pourquoi il arrive aussi qu'à mesure que la rotation de l'étrier augmente, celle du disque AB diminue, jusqu'à ce que ces deux rotations soient égales entre elles. Mais alors la vitesse angulaire de l'ensemble des masses n'est plus assez grande pour maintenir l'axe dans sa direction, qui se rapproche de l'horizontale, et l'appareil tomberait si l'on ne se hâtait de le retirer de dessus son support *vw*.

Pour prolonger davantage son mouvement, il suffit d'empêcher l'étrier *fg* de tourner, et le moyen le plus sûr pour cela est de placer la boule *e* un peu en dehors de la direction de l'axe *ab*. Avec cette disposition, lorsqu'après avoir imprimé au disque *ab* un mouvement rotatoire, on met l'appareil sur le support *xz*, le mouvement rotatoire de l'étrier n'a plus lieu, le disque continue de tourner, et l'ensemble de l'appareil se meut de manière que ce n'est plus l'axe *ab* qui décrit le cône, mais bien une autre ligne passant par le point d'appui de la boule *e*.

Si, en mettant l'appareil sur son pied, on a donné à son axe une inclinaison de 50 à 60 degrés au-dessus de l'horizon ; cet angle se conserve à peu près constant pendant un certain temps, mais finit par diminuer graduellement à mesure que la rotation du disque se ralentit. Que si, au contraire, l'angle fait par l'appareil avec l'horizon est de 70 degrés ou plus, au moment de son placement sur le pied, on voit cet angle s'agrandir de plus en plus jusqu'à ce qu'enfin l'axe prenne la position verticale, et l'on est tout surpris de voir la masse de l'appareil, pesant jusqu'à 350 grammes, se relever lentement. Mais ce n'est pas tout, car le phénomène devient plus surprenant encore à partir du moment où l'axe a atteint la position où il fait un angle de 80 degrés au-dessus de l'horizon. En effet l'étrier *ef* se remet alors à tourner, parce que le poids de l'appareil n'agit plus en sens contraire de cette rotation. Et comme l'axe *ab* autour duquel cette rotation de l'étrier a lieu, ne coïncide pas avec la ligne qui décrit le cône, il se produit des balancements particuliers dont l'amplitude n'augmente pas, il est vrai, mais dont le nombre s'accroit à mesure que l'axe se rapproche de la verticale, parce que la rotation de l'étrier acquiert plus de rapidité. Dans cette position de l'axe, l'ensemble du mouvement paraît tellement agité, qu'il semble que l'appareil va tomber de dessus son pied *vw*, Mais comme à mesure que la rotation de l'étrier augmente, celle du disque AB diminue, il arrive au bout de quelque temps que la rotation de l'ensemble ne suffit plus à maintenir l'axe dans la position presque verticale qu'il a acquise. L'axe commence à baisser, et en même temps la rotation de l'étrier *fg* diminue de rechef. Et comme alors la vitesse de rotation du disque est très affaiblie, l'axe s'abaisse rapidement non-seulement jusqu'à la position horizontale, mais souvent même jusqu'au-dessous de cette position. Toutefois, il est nécessaire pour que ce dernier effet puisse avoir lieu, que le ferret *eg* (fig. 14) ait été un peu recourbé.

Au lieu d'employer, pour prévenir le mouvement rotatoire de l'étrier *fg*, le moyen consistant à placer la boule *e* en dehors de la direction de l'axe *ab*, j'y suis aussi parvenu, du moins très approximativement, par le moyen dont je vais parler. Il consistait à adapter à l'étrier *fg* une paire de grandes palettes d'une matière légère formant des espèces d'ailes ou de contrevents qui s'opposaient à la rotation de l'étrier en augmentant la résistance de l'air à son mouvement. J'ai pu ainsi remplacer le ferret courbe *eg* de la figure 14, par un ferret droit, même effilé en pointe fine et dirigé dans le prolongement de *ab*, sans que l'étrier tournât.

Au lieu de soutenir l'appareil sur une tige rigide, pour le faire tourner, on peut encore le suspendre à un fil flexible, A cet effet, on remplace le tampon conique *er* (fig. 14) par un autre R (fig. 17) auquel le fil RS est ajusté.

Lorsqu'après avoir mis le disque AB en rotation on enferme l'appareil dans une boite où le mouvement du disque se prolonge, on peut déplacer et transporter facilement la boîte à la main, sans qu'il se passe rien de remarquable, tant qu'on a l'attention, dans les mouvements que l'on imprime ainsi au disque renfermé, de le maintenir toujours parallèle à lui-même. Mais si l'on essaie de communiquer à la boîte un mouvement dans lequel le disque tournant change de direction, on éprouve une résistance notable, surtout si le changement de direction a lieu rapidement.

La grande diversité d'expériences susceptibles d'être exécutées avec l'appareil que l'on vient de décrire, justifie, je crois, le nom de *polytrope* que je lui ai donné.

NOTES DU TRADUCTEUR

NOTE PREMIÈRE.

(Se référant à la page 12, ligne 8, du texte).

Contrairement à l'opinion émise dans le texte, on pense qu'il eût été possible, dès avant la première publication du Mémoire de M. le docteur Magnus, de déduire rationnellement de ce que l'on savait alors des effets de l'air en mouvement (1),

(1) Voir à ce sujet les Considérations que M. Magnus présente un peu plus loin, mais non comme siennes, sur les mouvements d'appel qui se forment dans l'air ambiant autour de tout courant local de cet air; voir aussi ce qui a été inséré en 1826 et 1827, dans les *Comptes rendus de l'Académie des sciences de Paris*, et dans les *Annales de chimie et de physique*, à l'occasion d'une communication faite à l'Académie, par M. Clément, et d'un Mémoire de *M. Hachette*.

qu'il devait y avoir *inégalité de pression* sur deux côtés opposés des boulets tournant pendant leur trajet, et par suite, *déviation* du côté où *la pression* était plus faible.

En effet, puisque tout courant d'air détermine une raréfaction sur son trajet, et que cette raréfaction est d'autant plus grande que le courant est plus rapide, il est clair qu'il doit nécessairement y avoir diminution de pression sur le projectile du côté où le sens du courant, déterminé par le mouvement de translation, est le même que celui du courant déterminé par la rotation.

Il n'en est pas de même sur le côté diamétralement opposé du projectile, où les deux mouvements précités de l'air marchent en sens contraires : là, bien qu'on ne puisse pas affirmer, *à priori*, qu'il y aura augmentation de pression relativement à celle qui existait dans l'état de repos, on peut du moins dire, sans crainte de se tromper, que la pression sera plus grande que sur le côté où les deux vitesses de l'air s'ajoutent, etc.

NOTE 2,

(Se référant à la page 16, ligne 9, du texte).

En cédant au besoin d'exprimer ici tout l'intérêt, disons même, l'admiration que nous inspirent les beaux développements dans lesquels M. le professeur Magnus est entré dans son explication de la déviation des projectiles sphériques, nous éprouvons aussi celui de consigner dans une note les deux remarques suivantes :

La première, pour reconnaître que s'il est vrai, comme nous l'avons avancé dans la note précédente, que l'on eût pu arriver à cette explication, en s'aidant seulement des notions que l'on avait dès avant 1851, personne du moins ne s'était jusque-là avisé de la donner.

La deuxième, pour rappeler que, dans son mémoire de 1851, l'habile physicien de Berlin a rendu à notre tant regrettable compatriote *Savart* la justice de reconnaître que celui-ci avait, avant lui, expérimentalement établi le fait de la condensation qui a lieu au choc de deux veines liquides marchant dans une même direction, en sens contraires l'une de l'autre.

(Se référant à la page 17, du texte).

Depuis que, par suite des progrès de la physique, il n'est plus permis, pour différencier les liquides d'avec les gaz, quand on veut désigner ces deux classes de corps sous la dénomination commune de *fluides*, d'employer les épithètes *incompressibles* pour les premiers, et *compressibles* pour les seconds, on éprouve, en français, un certain embarras dans le choix des adjectifs propres à établir la distinction entre eux. La langue allemande a, pour ce cas, le mot *tropfbar* (signifiant : *susceptible d'être réduit en gouttes*), par lequel M. Magnus spécifie généralement tous les fluides que la langue française comprend sous la dénomination commune de *liquides*. Par un scrupule, peut-être exagéré, pour conserver la forme sous laquélle l'auteur a exprimé sa pensée, j'ai cru pouvoir hasarder, en français, l'adjectif *aquiforme* pour désigner, en l'ajoutant au substantif *fluide*, un liquide quelconque, et faire ainsi opposition à l'adjectif *aériforme* employé depuis longtemps déjà pour désigner, avec le même substantif, un *gaz* ou *fluide gazeux* quelconque.

Je crois devoir terminer cette note en faisant remarquer que si la langue française manque d'un équivalent à l'adjectif allemand *tropfbar* (car je n'ai pas osé proposer pour tel le mot *globulisable*), la langue allemande, de son côté, manque d'un mot simple équivalent à notre substantif *liquide*.

NOTE 4.

(Se référant à la page 36, ligne 4, du texte).

Plusieurs causes concourent à rendre la justesse du tir plus grande dans les armes à feu portatives rayées, qu'elle ne peut l'être, en général, dans les pièces d'artillerie pareillement rayées. La principale tient à ce que les projectiles de plomb des petites armes étant susceptibles, en se renflant sous le choc de la baguette ou sous celui des gaz de la poudre, de remplir exactement le vide de l'âme, il arrive que leur axe de figure se confond de prime abord avec l'axe de rotation, sans compter qu'il ne saurait y avoir lieu à aucun ballotement des projectiles contre les parois de l'âme. Peut-être aussi l'évidement pratiqué dans l'intérieur de ceux de ces projectiles qui sont d'un calibre un peu fort, en vue d'en faciliter le renflement et le forcement, a-t-il en outre quelques avantages particuliers, tels que d'en augmenter la longueur à poids égal, ou de rendre plus facile à remplir la condition de rapprocher autant que possible le centre de gravité du point d'application de la composante verticale de la résistance de l'air, et en même temps du point de raccordement des parties cylindrique et ogivale.

NOTE 5.

(Se référant à la page 37, ligne 5, du texte).

Le mot *cible* (*Scheibe*) employé ici par l'auteur, semble indiquer qu'il parle plus particulièrement d'observations faites sur le tir d'armes à feu portatives.

NOTE 6.

(Se référant à la page 38, ligne 15, du texte).

J'ai dit ailleurs, sans le démontrer (*), que dans le tir des projectiles oblongs d'aujourd'hui, sans chocs ni frottements irréguliers contre les parois de l'arme, il existe naturellement, dans les diverses réactions que l'air exerce contre leur surface pen-

(*) Voir ma traduction des *Nouvelles Etudes sur l'arme à feu rayée* de M. de *Plœnnies*, page 474.

dant toute la durée de leur mouvement de translation, des causes qui par leur nature même tendent à en maintenir l'axe couché sur la tangente à la trajectoire du centre de gravité, malgré le changement continuel de direction de cette tangente dû à l'action de la pesanteur, soit que la résistance opposée verticalement de bas en haut à cette action passe ou non par le centre de gravité.

Comme cette proposition pourra paraître incompatible avec celle de l'auteur à laquelle la présente note se réfère, je vais essayer ici d'expliquer comment je conçois que le mouvement de translation de ces projectiles à travers l'air suffit à rendre celui-ci capable de l'effet directeur indiqué, en faisant abstraction, bien entendu, non-seulement des causes de trouble pouvant résulter d'agitations accidentelles de l'atmosphère ; mais encore des effets spéciaux au tir des armes à feu rayées en hélices, donnant lieu au phénomène de la *dérivation*.

L'air agit à la fois, suivant nous, de deux manières distinctes pour diriger le projectile comme il a été dit :

Il agit d'abord par la résistance même qu'il oppose au mouvement de translation, quelle que soit la direction actuelle de ce mouvement ; et en outre, par les courants d'appel qui s'y forment tout autour du projectile, à raison de la raréfaction qu'engendre la grande rapidité de son mouvement.

Plus loin (§ 3), l'auteur nous suggérera lui-même (dans notre note 10), sous le nom d'*influence de l'écoulement de l'air*, une manière d'envisager l'action directrice de l'air sur les projectiles par sa résistance, qui diffère, dans la forme du raisonnement, de celle que nous allons développer, mais qui tient aux mêmes principes et a l'avantage de se prêter à des expériences de cabinet. Nous la recommanderons donc, surtout à cause de cette circonstance, à l'attention de nos lecteurs. Cela dit, expliquons, de notre côté, comment nous avons envisagé l'action directrice due à la résistance de l'air au mouvement de translation, ou à ce que nous avons désigné ailleurs, par abréviation, sous le nom de sa *résistance tangentielle.*

Par la nature même des choses, cette résistance produit sur tous les points de la demi-surface inférieure du projectile, et sur presque tous ceux de la partie antérieure de sa surface supérieure, des pressions dirigées parallèlement à la direction du mouvement du centre de gravité, c'est-à-dire pa-

rallèlement à la trajectoire de ce point. Cela posé,
si aux différents points d'application de ces pressions parallèles, on décompose chacune d'elles
dans leur plan d'incidence, suivant deux directions, l'une tangente, l'autre normale à la surface
du projectile, on pourra, dans une première ap-
proximation, faire abstraction des composantes
tangentielles et ne tenir compte que des composantes normales, sauf à apprécier ultérieurement
quel peut être l'effet de l'ensemble des composantes
tangentielles.

Maintenant, en jetant un coup d'œil sur la figure
ci-jointe, où :

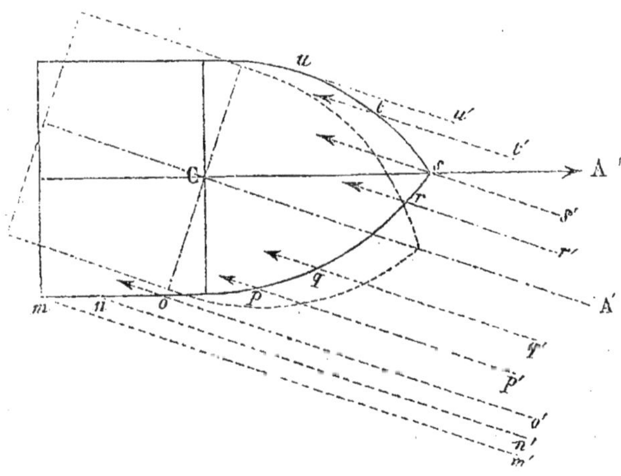

C représente la position du centre de gravité du

projectile, à la fin d'un temps quelconque t;

C A la direction de son axe au bout de ce temps;

C A' la direction de la tangente à la trajectoire pendant l'instant infiniment petit consécutif dt, direction faisant *toujours* avec la précédente un angle infiniment petit A C A'; enfin mm', nn', oo', etc., l'ensemble des parallèles à cette dernière direction suivant lesquelles s'exerce l'action de la résistance tangentielle de l'air pendant l'instant dt,

On reconnaîtra sans peine, au moyen de quelques constructions que la petitesse de la figure n'a pas permis d'y représenter :

1° Que toutes les composantes normales des pressions supérieures à l'axe ou à la direction CA tendront pendant l'instant considéré à abaisser la partie antérieure du projectile, et par suite à en relever la partie postérieure.

2° Qu'au contraire, les composantes normales des pressions inférieures à cet axe qui s'exerceront sur la partie antérieure seulement du projectile, tendront à relever cette partie antérieure, probablement même, en général, avec un peu plus d'énergie qu'il n'en faudrait pour simplement contrebalancer l'effet des composantes normales sur la partie supérieure.

3° Enfin que toutes les composantes normales des pressions exercées contre la partie postérieure tendront exclusivement à relever cette dernière partie en abaissant du même coup la partie antérieure.

Sans chercher à calculer ce que doit être, pour un projectile donné, la résultante générale des trois groupes d'actions distinctes des composantes normales de la résistance que nous venons de considérer, en tenant compte en outre de la résistance verticale due à l'action de la pesanteur, nous ferons simplement remarquer que cette résultante générale dépend essentiellement de la forme du projectile et de la position de son centre de gravité; et qu'avec les projectiles aujourd'hui usités, où le centre de gravité répond ordinairement très-près du milieu de la longueur et de la naissance de la partie ogivale, l'action relévatrice de la résistance de l'air, dirigée parallèlement au mouvement de translation contre la partie postérieure, doit le plus souvent l'emporter sur le très-faible excès des actions qu'elle exerce en sens contraires contre la partie antérieure, même en ajoutant à ce petit excès l'action relévatrice de la résistance verticale de bas en haut, ordinairement exercée contre cette même partie antérieure.

Il est sans doute superflu de faire observer que, dans tous les cas, l'action directrice de la résistance tangentielle ne saurait jamais par elle-même tendre à abaisser l'axe du projectile au-dessous de la tangente actuelle à la trajectoire, puisqu'à l'instant même où il y arrive les résistances lui sont parallèles.

Que si l'on veut maintenant tenir compte de l'action des composantes tangentielles sur la direction du projectile, en entreprenant de les composer toutes ensemble, il semble qu'on pourrait, pour abréger, comparer cette action à celle d'un frottement qu'il aurait à subir de la part des parois d'une gaine très-flexible dirigée suivant la trajectoire du centre de gravité, frottement qui concourrait, s'il y avait lieu, à agir sur le projectile en sens contraire des causes qui pourraient tendre à l'éloigner d'un côté ou de l'autre de la tangente à cette courbe.

Il est, je crois, inutile d'ajouter ici que l'existence d'une ou plusieurs rainures circulaires sur la partie postérieure du projectile ne pourrait que contribuer à faciliter le relèvement de cette partie postérieure et, par suite, l'abaissement de la pointe du projectile sur la tangente.

La seconde force directrice capable, à notre avis, de vaincre la double résistance de l'inertie de la matière, d'une part, et une très-faible action relévatrice, d'autre part, due à l'abaissement du projectile par l'attraction terrestre, cette seconde force, dis-je, n'est autre chose que la résultante générale des actions latérales convergeant toutes vers la tangente à la trajectoire, produites par l'impulsion des courants d'appel qui s'établissent toujours dans l'air ambiant autour de l'axe d'un courant rapide, par suite de la raréfaction engendrée sur tout le trajet de ce courant. On ne saurait, en effet, douter que le passage, à travers l'air, d'un projectile lancé par la poudre, ne doive déterminer un pareil courant, d'abord par la percussion de sa partie antérieure, et ensuite par le frottement de toute sa surface latérale. Il doit donc se former, selon nous, sur tout le trajet du projectile une suite de courants d'appel convergeant de tous les points d'alentour vers la trajectoire du centre de gravité, qui représente la direction du mouvement, et dont la résultante générale ne peut que tendre à ramener l'axe du projectile vers la tangente.

NOTE 7.

(Se référant à la page 39, ligne 7, du texte).

On croit reconnaître, dans le raisonnement qui termine l'alinéa, les idées qui ont conduit, en Prusse, à choisir, pour la balle du fusil à aiguille, la forme particulière qu'on lui a donnée, d'après laquelle le centre de gravité paraît devoir se trouver quelque peu en avant du point d'application de la résultante des forces parallèles et verticales engendrées par la résistance de l'air à l'abaissement du projectile dû à la pesanteur. (Voir *Nouvelles Études sur l'arme à feu rayée*, par M. *de Plœnnies*, page 484, de la traduction française, ou *Journal des Armes spéciales*, tome III, page 263.)

NOTE 8

(Se référant à la page 41, ligne 3, du texte).

Pour qu'il fût possible de tirer des conséquences plus précises et plus utiles de ces observations, il aurait fallu qu'elles fussent accompagnées de détails descriptifs sur la construction des projectiles employés, propres à fournir des renseignements au moins approximatifs sur la position plus ou moins avancée tant du centre de gravité que du point d'application de la résultante de la résistance verticale de l'air due à l'action de la pesanteur.

Cependant, malgré l'absence de tout renseignement de ce genre, nous croyons devoir indiquer quelques inductions que ces observations nous suggèrent, en nous plaçant au point de vue adopté dans la note 6.

1° En voyant que, dans un tir à charges assez faibles pour que tous les observateurs aient pu distinctement reconnaître la position de l'axe du projectile pendant son trajet, cet axe a été aperçu *très-près de la tangente,* même à l'arrivée au but, malgré la grande courbure que devait avoir la trajectoire pour que la pointe du projectile frappât en premier le sol, on est amené à penser qu'il n'est pas besoin d'une bien grande vitesse du mouvement de translation du projectile pour engendrer soit les effets directeurs attribués, dans la note 6, à la résistance que l'air oppose à ce mouvement, soit ceux que l'on y a indiqués comme devant résulter de l'afflux de l'air ambiant dû à la raréfaction produite autour du projectile tout le long de son trajet. Il semble donc assez plausible de penser qu'avec les mêmes projectiles *tirés avec des charges de guerre,* on aurait obtenu, de l'action des causes directrices mentionnées, de plus puissants effets encore, par suite desquels ces projectiles se seraient rapprochés davantage de la tangente à la trajectoire, ou bien que d'autres projectiles d'une construction moins avantageuse auraient pu néanmoins être amenés par ces mêmes causes à se maintenir plus ou moins approximativement couchés sur cette tangente, nonobstant ce que leur construction aurait laissé à désirer.

2° La dérivation des projectiles vers la droite, observée surtout au point de chute, tend à corroborer l'opinion qu'il y a eu réellement pendant tout le trajet (selon nous, par les causes indiquées dans la note 6), rotation du projectile autour d'un axe horizontal passant par le centre de gravité, de haut en bas dans la partie antérieure, et de bas en haut dans la partie postérieure, malgré une action probablement en sens contraire qu'exerçait la résistance verticale de l'air contre l'abaissement de l'ensemble du projectile par la pesanteur. Il semble, en effet, qu'on ne puisse expliquer le petit écart qui a été observé au-dessus de la tangente à la trajectoire, entre cette tangente et l'extrémité antérieure de l'axe du projectile, que par une action relévatrice de la résistance du côté de la pointe et un abaissement du côté de la base, action combattue, il est vrai, par les forces directrices indiquées, mais non toutefois sans avoir neutralisé une partie de l'effet de ces forces, Ainsi s'expliquerait très-bien en même temps la déviation de l'extrémité antérieure du projectile vers la droite et consécutivement celle de la trajectoire dans le même sens, comme le lecteur le comprendra mieux après avoir pris connaissance de ce qui suit de près dans le texte, ou encore en s'appuyant des notions théoriques sur la composition de deux mouvements rotatoires simultanés, tels qu'étaient ceux qui animaient réellement les projectiles de l'expérience de Berlin. (Voir la note 9.)

3° Les réflexions qui précèdent nous paraissent mériter assez d'attention pour engager à tenter de nouvelles expériences propres à vérifier notre théorie. Dans ces nouvelles expériences, il conviendrait de faire varier non-seulement la construction des projectiles pour étudier l'influence de la position du centre de gravité et celle de la forme de la partie antérieure, mais encore la courbure des rayures, en allant jusqu'à essayer des rayures droites, en vue de supprimer tout à fait le

mouvement de rotation autour de l'axe du projectile, et d'obtenir par-là, s'il était possible, un tir
sans dérivation aucune ni à droite ni à gauche.

Si ces expériences confirmaient notre manière
de voir, il y aurait alors bien des petites observations de détail à présenter contre plusieurs pas-
sages du texte ultérieur du mémoire, que nous
croyons devoir pour le moment passer sous si-
lence, mais qui n'échapperont pas à l'attention de
tout lecteur qui se placerait au même point de vue
que nous.

NOTE 9.

(Se référant à la page 44, ligne 2, du texte).

Les expériences de *Bohnenberger*, pour rendre
sensibles à la vue les effets de la composition de
deux actions rotatoires simultanées sur un même
corps autour de deux axes distincts, se coupant
entre eux, remontent à l'année 1811, et le Mémoire
théorique de *Poisson*, sur la même matière, à
l'année 1813. Mais dès 1804, *Poinsot,* autre grand
géomètre français, qui avait fait une étude appro-
fondie des mouvements rotatoires, en les envisa-
geant d'un point de vue à lui particulier, avait déjà
publié sa belle théorie de la composition des cou-

ples de forces égales et parallèles entre elles, mais non directement opposées. Cette théorie, il l'a depuis successivement étendue dans diverses réimpressions de son livre, mais principalement dans un Mémoire éminemment remarquable qu'il a lu à l'Académie des sciences, le 19 mai 1834, mémoire publié alors sans les développements mathématiques dont il était le résumé, mais qui a été reproduit plus tard avec tous les développements qu'il comporte, d'abord en 1851, dans le *Journal des mathématiques pures et appliquées,* de M. *Liouville,* ainsi que dans un livre publié à part ; et ensuite en 1852, dans la *Connaissance des temps pour* 1854, et aussi sous forme d'ouvrage spécial.

C'est dans le Mémoire de 1834, et par conséquent aussi dans ceux de 1851 et de 1852, que le lecteur pourra voir nettement exprimé le théorème du parallélogramme de deux forces de rotation données, agissant sur un même corps autour de deux axes de directions données s'entrecoupant, parallélogramme dont la construction fait immédiatement connaître la direction de l'axe de la rotation résultante, ainsi que l'énergie de cette rotation résultante.

NOTE 9 *bis*.

(Se référant à la page 50, ligne 8, du texte).

J'avoue, en toute humilité, que je ne comprends pas nettement ni comment, dans la pensée de l'auteur, aurait pu se produire le mouvement de la pointe du projectile vers la droite, dans les circonstances qu'il indique, ni les faits par lui observés dans ses expériences de cabinet qu'il décrit aux pages qui suivent. Pour moi, en ce qui regarde les expériences de tir de Berlin, le transport de la pointe du projectile vers la droite ne saurait s'expliquer, en théorie, que par la composition d'une rotation *dextrorsum* autour de l'axe longitudinal, produite par les rayures de la bouche à feu, avec une rotation de haut en bas, en avant, autour de l'horizontale perpendiculaire à l'axe passant par le centre de gravité, rotation produite par l'action prépondérante de la résistance tangentielle de l'air déterminant le relèvement de la partie postérieure du projectile, et conséquemment l'abaissement de sa pointe, nonobstant la tendance inverse qui résultait de la position trop avancée du point d'application de la résistance verticale, par rapport à celle du centre de gravité.

A l'égard des expériences de cabinet, je serais tenté de croire que les résultats indiqués tenaient à la forme particulière du corps employé comme simulacre d'un projectile, sinon peut-être à quelque circonstance importante et non exprimée de l'expérience.

Puissent ces réflexions et celles qui ont été présentées dans les notes 6 et 8, engager **M.** le docteur Magnus, d'une part, à reprendre ses expériences de cabinet dans des circonstances variées ; et, d'autre part, usant du haut crédit scientifique dont il jouit, à solliciter de nouvelles observations de tir sur les projectiles oblongs, dans lesquelles on aurait pareillement égard, autant que possible, aux réflexions contenues dans les notes précitées.

NOTE 10.

(Se référant à la page 63, ligne 13, du texte).

L'expérience de la plaque mobile autour d'un axe de rotation passant par son centre de gravité, et qui se place toujours perpendiculairement à la direction du courant d'air qui l'enveloppe de toute part, cette expérience, dis-je, suggère naturellement la pensée d'en tenter une analogue sur un corps de la forme d'un projectile, et qui, si elle réussissait, serait éminemment propre à mettre en pleine évidence l'action directrice attribuée, dans la note 6, à la résistance que l'air exerce contre le mouvement de translation. On pense, en effet, qu'en suspendant dans l'appareil de *Bohnenberger*, au centre commun de ses deux anneaux mobiles, un corps de la forme d'un projectile dont l'axe ferait un très-petit angle avec l'axe du courant d'air dirigé sur lui, un angle analogue par sa petitesse aux angles de contingence des tangentes à la trajectoire, l'effet de ce courant qui frapperait la surface du projectile sous ladite obliquité serait toujours ou d'abaisser ou de relever l'axe du corps, pour le ramener dans l'axe même du courant, à chaque nouvelle position que l'on aurait donnée à cet axe, selon que la direction de celui-ci serait ou montante ou descendante par rapport à l'extrémité antérieure de l'axe du corps.

A la vérité, je ne vois pas nettement quelle disposition l'on pourrait adopter pour réaliser commodément cette expérience. Mais ce qui est une difficulté pour moi n'en serait certainement pas une pour l'esprit inventif et ingénieux de M. le docteur Magnus, porté par goût vers les recherches physiques, et qui a déjà donné tant de preuves de son habileté expérimentale et des ressources qu'il sait trouver dans sa sagacité et son imagination.

NOTE 11.

(Se référant à la page 67, ligne 19, du texte).

Les réflexions de l'auteur, dans les deux pages qui suivent le présent renvoi, porteront peut-être le lecteur à douter qu'il y ait opportunité à essayer (comme nous l'avons proposé dans la note 8) l'emploi de rayures droites, en vue de supprimer le mouvement de rotation des projectiles autour de leur axe longitudinal, cause principale de la dérivation. On pourrait craindre, en effet, en supprimant cette rotation, de retomber dans les irrégularités de tir inhérentes à diverses imperfections de la construction des projectiles, inévitables dans la fabrication en grand. Mais c'est précisément le plus ou moins d'importance de ces causes d'irrégularités qu'il semblerait bon d'expérimenter, comparativement aux avantages que l'on espérerait retirer de la suppression de la dérivation.

D'ailleurs toutes les espèces de projectiles ne

sont pas également sujettes à ces imperfections, et ce serait déjà un certain avantage que l'on aurait obtenu, si l'on arrivait à reconnaître la possibilité de supprimer la courbure des rayures dans certaines armes tirant des projectiles d'une certaine espèce. Je m'arrête, car ce n'est pas ici le lieu d'entrer dans de plus grands développements sur ce sujet.

NOTE 12.

(Se référant à la page 71, ligne 11, du texte).

Nous croyons devoir ajouter à la liste des appareils à rotation cités par l'auteur, celui qui est décrit sous le nom de *rotascope*, dans les *Éléments de cosmographie*, de M. *B. Sainte-Preuve* (Paris, 1857). Cet appareil servait déjà, en 1831, à un savant Américain, nommé *Johnson*, professeur à Philadelphie, à exécuter un grand nombre d'expériences curieuses sur les effets de la rotation, rapportées dans le livre français cité plus haut, d'après le journal américain *Of Sciences and Arts*, de janvier 1832.

ERRATA.

—

Page 35 ligne 1. Au lieu de : *il*   mettez : *ils.*
» 37 » 8.   »   *sur*   »   *sur la.*
» 50 » 8 et 22. »   (9)   »   (9 *bis*).
» 59 » 5.   »   398   »   44.
» » » 13.   »   405 et 406   »   51 et 52.
» 64 » 14.   »   135 du journal   »   59.
» 71 » 2 et 3.   »   398   »   44.
» 107 »   Après la ligne 4, ajoutez :

Au surplus, l'expérience décrite ensuite à la page 65, dans laquelle *M. Magnus* a fait agir un courant d'air, sous diverses inclinaisons, contre un cylindre droit à bases circulaires, d'une longueur double de son diamètre, suffit déjà à prouver d'une manière générale, l'action directrice de la résistance de l'air sur les projectiles oblongs. Il y a plus, elle prouve en même temps que pour un projectile tel que le cylindre ci-dessus défini, tiré sans balottements ni trainements irréguliers dans l'âme, cette force directrice subsisterait encore alors même qu'il serait possible que ce projectile pût jamais avoir son axe incliné sous tout angle moindre que 25° par rapport à la direction du mouvement du centre de gravité.

TABLE DES MATIÈRES.

FIN DE LA TABLE.

Impr. de E. Dépée, à Sceaux.

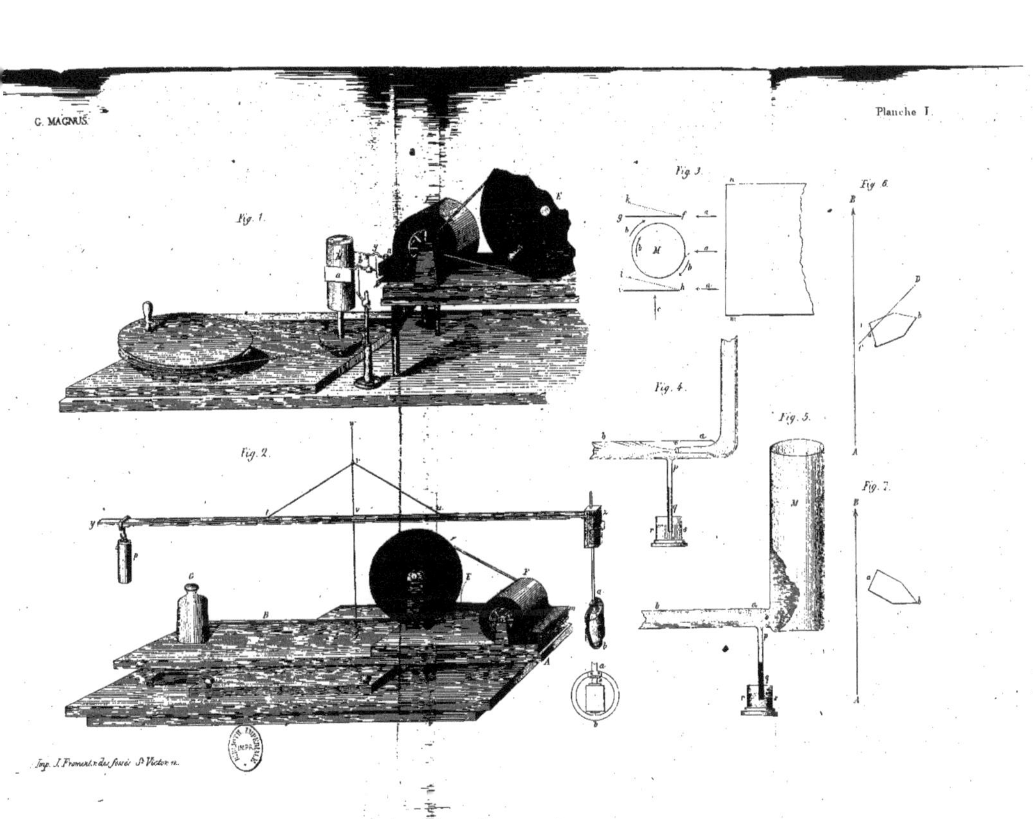

Fig. 1.
Fig. 2.
Fig. 3.
Fig. 4.
Fig. 5.
Fig. 6.
Fig. 7.

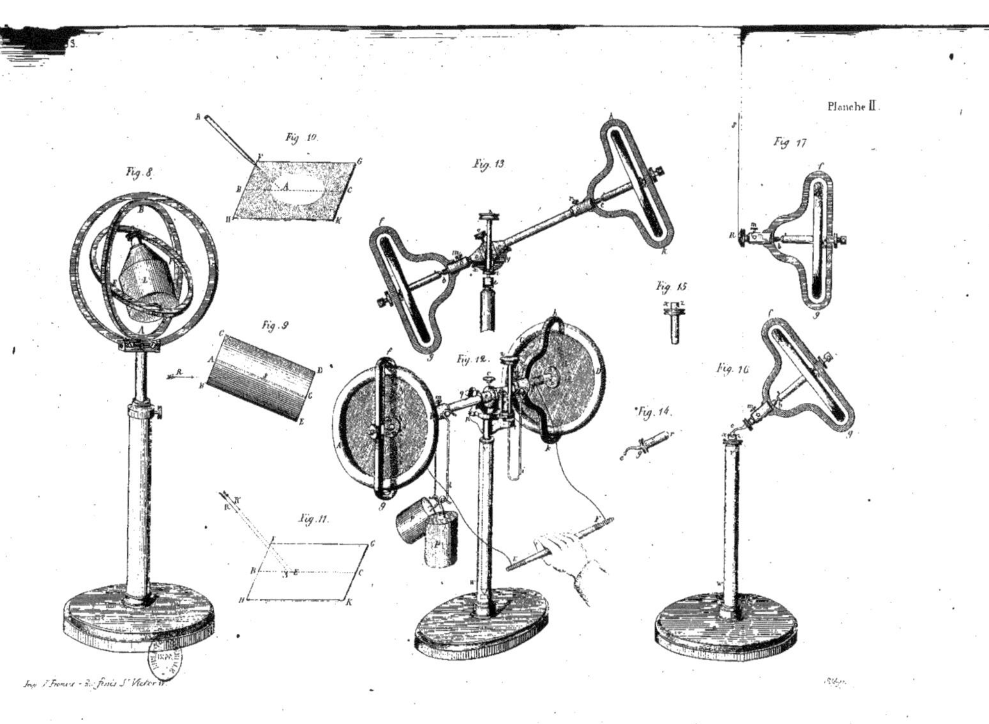

Fig. 8.
Fig. 9.
Fig. 10.
Fig. 11.
Fig. 12.
Fig. 13.
Fig. 14.
Fig. 15.
Fig. 16.
Fig. 17.

www.ingramcontent.com/pod-product-compliance
Ingram Content Group UK Ltd.
Pitfield, Milton Keynes, MK11 3LW, UK
UKHW020001100726
13658UKWH00002B/758